项目来源：中国博士后科学基金第59批面上资助项目：新媒体背景下出版产业发展与规制革新互动研究（资助编号：2016M591095）成果之一；北京市博士后工作经费资助项目：新媒体背景下出版产业发展与规制革新互动研究（项目号10000200358）

国外数字出版全球化发展战略研究

侯欣洁 著

图书在版编目（CIP）数据

国外数字出版全球化发展战略研究 / 侯欣洁著 . —北京：知识产权出版社，2018.5
ISBN 978-7-5130-5655-7

Ⅰ.①国… Ⅱ.①侯… Ⅲ.①电子出版物–出版工作–发展战略–研究–世界 Ⅳ.①G237.6

中国版本图书馆CIP数据核字（2018）第142446号

内容提要

本书通过对传统出版全球化战略与数字出版全球化战略的差异性进行比较，归纳出二者共性特征，以及数字出版经济全球化路径与表现形式。通过梳理不同国家数字出版产业发展的模式和表现，试图构建数字出版产业全球市场强度趋向。

责任编辑：于晓菲　　　　　　　　责任印制：刘译文

国外数字出版全球化发展战略研究
GUOWAI SHUZI CHUBAN QUANQIUHUA FAZHAN ZHANLÜE YANJIU
侯欣洁　著

出版发行：	知识产权出版社 有限责任公司	网　址：	http://www.ipph.cn
电　话：	010-82004826		http://www.laichushu.com
社　址：	北京市海淀区气象路50号院	邮　编：	100081
责编电话：	010-82000860转8363	责编邮箱：	yuxiaofei@cnipr.com
发行电话：	010-82000860转8101	发行传真：	010-82000893
印　刷：	北京中献拓方科技发展有限公司	经　销：	各大网上书店、新华书店及相关专业书店
开　本：	720mm×1000mm　1/16	印　张：	10.75
版　次：	2018年5月第1版	印　次：	2018年5月第1次印刷
字　数：	154千字	定　价：	58.00元
ISBN 978-7-5130-5655-7			

出版权专有　侵权必究
如有印装质量问题，本社负责调换。

目　录

绪论 ·· 1
　第一节　研究背景及目的 ·· 1
　第二节　国内外现状分析 ·· 3
　第三节　研究意义与创新性 ·· 8
　第四节　研究方法和趋势展望 ·· 9

第一章　传统出版全球化与数字出版全球化异同分析 ········ 11
　第一节　全球化理论梳理 ·· 11
　第二节　出版产业全球化路径分析 ································ 19
　第三节　数字出版全球化共性与特性分析 ······················ 21

第二章　各国数字出版产业发展情况分析 ························ 29
　第一节　全球出版产业格局分析 ···································· 30
　第二节　美国数字出版产业发展情况分析 ······················ 31
　第三节　英国数字出版产业发展情况分析 ······················ 35
　第四节　法国数字出版产业发展情况分析 ······················ 41
　第五节　其他国家数字出版产业发展情况分析 ················ 44

第三章　典型跨国企业全球化路径分析
　　——以中国市场开拓为例 ··················57
第一节　专业出版市场代表性案例分析 ··················59
第二节　培生教育集团——教育出版市场分析 ··················80
第三节　企鹅兰登——大众出版市场分析 ··················118

第四章　国外数字出版企业全球化战略的启示 ··················156
第一节　国外数字出版企业全球化战略选择 ··················156
第二节　构建数字出版企业全球化战略评价指标的思考 ··················161

结论 ··················164

绪　　论

第一节　研究背景及目的

一、研究背景

（一）各国政府与行业协会推动数字内容产业全球化战略

数字出版已成为世界出版业潮流，全世界都处于传统出版向数字出版转型的关键时期。不同国家数字化转型速度和发展程度不同，与之相应的国际化市场开发、扩张能力以及国际市场定位也截然不同。伴随着全球化趋势愈演愈烈，各国资源配置、要素组合和市场空间扩散一体化呈现上升趋势。随着信息技术革命的深入，各国文化产业尤其是新兴数字内容产业在国民经济中占据更大比例和发展空间，并向外拓展更多的海外市场。而各国政府和行业协会不遗余力通过相应战略、政策，推动本国数字内容产业发展和全球化推广。加拿大、韩国、日本等国都通过制定文化产业促进法律和政策，促进本国数字出版产业发展和全球化战略的实施。

（二）国际市场区隔中形成全球化市场偏好

近年来，全球经济不景气，世界各地出版企业都在寻求新的经济增长点。欧洲和北美洲出版传媒市场已经饱和，且竞争激烈，要在这样的市场上取得收益非常困难；南美洲有许多发展中国家，如巴西和墨西哥，应当是增长迅速的市场，但由于政治和经济不稳定，虽然有巨大的市场潜力，但投资风险巨大，很难实现商业利益；亚洲是混合型的市场，既有日本这样竞争激烈又成熟稳定的市场，也有如中国和印度这样庞大的发展中国家新兴市场。亚洲，特别是中国的出版传媒市场备受跨国出版集团的青睐。❶

（三）跨国数字出版企业全球化比较优势叠加

跨国数字出版企业数字化转型速度较快，欧美传统出版巨头在数字出版领域积极投入并形成了一定比较优势。目前，美国80%以上的出版企业都开展了电子书业务，特别是美国出版商如兰登书屋（Random House）、阿歇特（Hachette Book Group）、哈珀·柯林斯（Harper Collins）、圣智（Cengage Learning）等都开发了特色数字出版产品。❷谷歌、亚马逊，以及苹果国际公司凭借其技术优势、渠道优势和终端优势在数字出版全球化市场开拓方面探索出创新经济模式。其他技术服务商或渠道代理商、分销商依靠核心优势向数字出版产业前后端产业链延伸，并在国际上展开合作与贸易。跨国数字出版企业还通过收购等形式增加全球化比较优势。

跨国数字出版企业通过多种步骤和路径开发相应产品与服务渗透国际市场。但由于对其他国家文化影响力不同、语言障碍程度不同，以及数字出版发展实力的差异，其对国际市场的渗透能力与市场选择也呈现出差异化。

本书拟从宏观和微观两个层面，对国外数字出版全球化战略实施的主体、路径、经验、模式以及问题进行梳理和分析。微观层面，以典型国外跨国集团为重要的战略主体，梳理其全球化战略过程的步骤、途径、不同市场类型开发以及产品服务平台搭建层面的布局情况。通过个案的梳理与不同产业链定位企业的比较，探讨影响其全球化战略实施的因素、差异市场开发的偏好以及全球化战略模式。宏观层面，围绕不同国家众多推动数

---

❶ 张晓红.国际合作出版对中国出版传媒产业安全的影响[M]//产业安全蓝皮书:中国出版传媒产业安全报告(2014).北京:社会科学文献出版社,2014:95.

❷ 谭学余.美国数字出版见闻[J].现代出版,2011(3):56.

字出版全球化发展的战略政策，分析其为外向型数字出版市场开拓的政策效力。另外，在数字出版全球化战略过程中，金色的开放存取和绿色的开放存取并存，呈现了新型的全球化发展的样态。我们需要对新兴数字出版全球化策略予以考量。

同时，我们需要厘清国外数字出版全球化战略与传统出版全球化战略的相似性与差异点。从二者的互补关系角度，探讨数字出版全球化战略的整合效应。数字出版代表了出版产业新兴的产业发展方向与趋势，也是全球化的重要表征，需要对它的创新经济全球化模式予以界定。

值得注意的是，国外数字出版全球化战略实施过程中，也容易产生文化垄断与文化安全问题。需要从利弊两方面考察国外跨国数字出版企业比较优势带来的文化安全问题。

二、研究目的

第一，从宏观与微观层面提炼不同国家数字出版全球化战略的共同点和差异性，提炼全球化战略的不同路径、发生机制、制约因素和推动力。

第二，从不同市场类型的角度，挖掘国外数字出版全球化战略选择的层次与偏好。

第三，梳理国外数字出版全球化战略中的启示与存在的问题。

第四，从经济全球化和文化全球化两个维度，探讨国外数字出版全球化战略的模式与路径。

第二节　国内外现状分析

一、全球化的界定与出版全球化

（一）全球化界定方式

杨金海（1999）梳理了全球化思想的发展脉络，并对认识全球化思想的六个维度予以梳理。

第一，在生产力尤其是科学技术和全球交往活动方面，认为全球化是人类利用先进的通信技术，克服自然地理因素的限制进行信息自由传递。第二，全球化还包括人类利用现代化交通工具冲破自然空间和时间的阻隔而在全球范围内进行的自由交往活动。第三，从经济角度来理解，认为全球化是经济活动在世界范围内的相互依赖，是世界市场和国际劳动分工的全面形成，是金融资本、物质财富和人员超越了民族国家的界限而在全球的自由流动。第四，从政治意识形态或社会体制方面来理解，认为全球化是全球资本主义化。第五，从文化方面来理解，认为全球化是文化或文明全球整合，其间既有文化的冲突，也有文化的融合。第六，从民族主义立场出发，认为全球化是西方化甚至美国化。[1]

全球化思想最早的提出者当属马克思。他150年前就在《德意志意识形态》和《共产党宣言》中提出资本主义发展必然形成世界市场等思想。最早提出全球化理论的是"依附理论"学派。萨米尔·阿明是这一学派的代表，他最早建构世界资本积累和发展模式。他认为，资本积累是通过全球分工发生的；在分工中，世界资本主义体系各个阶层关系的本质特征是不等价交换和剥削；但边缘国家有可能摆脱资本主义世界体系，建立自己的社会组织并形成自己的发展模式。

左文（2012）认为，全球化涵盖经济全球化和文化全球化两个维度。全球化最初指的是经济全球化（economic globalization），即世界经济活动超越国界，通过对外贸易、资本流动、技术转移、提供服务、相互依存、相互联系而形成的全球范围的有机经济整体，从而使世界经济日益成为紧密联系的整体。文化全球化是全球化的必然结果之一，文化全球化是全球化概念的重要组成部分；文化全球化不等同于文化趋同化趋势，而是世界不同文化之间的交融共生；文化全球化并不意味着文化的殖民化，而文化全球化客观上反对的是文化殖民化。[2]

---

[1] 杨金海.全球化研究的历史、现状和热点问题[J].哲学研究,1999(11).

[2] 左文.文化全球化视野下的中国数字出版业[M].北京:清华大学出版社,2012:12.

（二）出版全球化

王子奇（2000）对出版全球化的开端予以梳理，并分析了图书出版全球化的三层内涵，即图书市场全球化，贸易全球化和制作全球化。出版全球化指超越民族国家、地区范围的图书生产、编辑、制作和营销贸易的过程，出版企业通过参与大型的图书书展等活动，超越国家、地区的界限，在全球范围内跨国进行国际图书贸易，乃至进行跨国图书制作，把世界图书市场连成一个整体，使图书出版越来越成为全球性事业的趋势。❶

（三）数字出版全球化

左文（2012）认为，数字出版实现了文化内容生产数字化、文化管理过程数字化、文化产品形态数字化和文化传播渠道网络化。数字出版已经成为文化全球化的重要象征。❷

二、各国数字出版产业发展概况

不同国家数字出版产业发展速度和着眼点不同，推进全球化战略的层次与主体也截然不同。

美国数字出版产业处于世界领先地位，传统出版集团积极参与数字化转型，从资源整合、数字化平台搭建和开发各种B2C、B2B服务，与技术企业展开合作，也会并购与业务相关的技术服务公司。无论是大众出版、教育出版还是学术出版都探索各自的盈利模式。而技术开发商、硬件制造商（如苹果公司）、平台销售商、网络运营商也都立足于自身优势，积极介入该领域。可以说，数据库、在线服务、电子书、相关阅读器、APP应用、按需印刷等产品服务形态较为多元。

2010年以前，日本数字出版市场规模一直处于世界第一，其销售收入结构中90%为手机电子书（其中80%为连环漫画收入），余下10%为PC电

---

❶ 王子奇.试论出版全球化[J].编辑学刊,2000(4).
❷ 左文.文化全球化视野下的中国数字出版业[M].北京:清华大学出版社,2012:12.

子书。立足于原来动漫产业内容资源基础,在数字化展现方面,内容提供商仍然具有一定资源优势。❶

英国的数字出版行业巨头大多由传统出版企业经数字化转型发展而来。2011年剑桥大学出版社的数字内容销售已占出版社总销售的20%,其中70%来自图书馆,30%来自Kindle阅读器;牛津大学出版社开发了"牛津在线学术专著数据库OSO系统",向世界许多大学图书馆提供18个大学科、4500多种学术图书的数字版本。❷

三、各国数字出版全球化政策

2014年4月4日,加拿大哈珀政府向全社会公布"数字加拿大150"(Digital Canada 150)计划。"根据加拿大国贸局的数据显示,该国数字内容市场规模约达35亿美元,目前约有2300家数字内容厂商,其中以'动画和特效''电玩和计算机游戏''教育和培训产品'及'商业应用和网络营销'等领域最具国际竞争优势。"❸

2012年,韩国提出媒介产业振兴政策,包括"推动韩国媒介产品走出去""培养未来媒介产业的人才""营销先进化""加强创作力量的基础"等细节。2011年以来,韩国媒介产业出口方向开始扩展并逐步转移,突破之前仅仅围绕韩剧、电影及音乐作品的局限,电子游戏和移动游戏、K-pop、动画片角色等产品开始受到海外消费者青睐。从地理区域上,媒介产品输出国也从亚洲国家渐渐扩大到美洲、欧洲等其他地区。为促使媒介产业成为可持续性的出口产业,韩国政府推进实施"支持全球动漫的制作和合作""支持全球动漫项目""支持制作下一代游戏内容""支持生产广播和视频内容"等一系列政策。❹

---

❶ 崔景华,李浩研.韩日数字出版产业发展现状及扶持政策[J].出版发行研究,2012(10):88-90.

❷ 魏玉山.英国数字出版业观察[J].出版参考,2012(10):1.

❸ 姬德强.CanCon发展与保护中的加拿大数字内容产业[M]//全球传媒蓝皮书(2014).北京:社会科学文献出版社,2014:180.

❹ 龙耘,李承恩.变化与延续:2013年韩国传媒产业发展报告[M]//全球传媒蓝皮书(2013).北京:社会科学文献出版社,2014:151-152.

四、跨国集团数字出版全球化战略实施情况

孙万军（2014）认为，跨国集团全球化分为三个步骤：第一步，原版出版物输入和版权输入；第二步，设立办事机构、项目合作和投资；第三步，渐次推进的本土化战略。❶

而跨国集团实施数字出版全球化战略可以分为标准全球化、本土化、国际化三个类型。

标准全球化是指推行数字出版相关产品、服务技术与业务的标准化，这有利于在产生规模经济的同时建立标准壁垒优势。

根据美国第三方机构PaidContent在全球跨行业进行的调查，励德·爱思唯尔已经成为全球第四大数字付费内容提供商，仅次于谷歌、中国移动、彭博通讯社。该集团在上海设立的5个办公室中，安迅思公司是一个"出标准的出版商"，具体而言，是一家做石油和化工产品价格基准制定的信息服务商。❷

本土化战略是全球化战略的重要组成部分，主要为了快速占领国际市场，通过合作出版、人才本土化等方式实现内容、资源、人才、市场方面的快速融合。培生教育集团比较具有代表性。

跨国出版传媒集团之所以与中国出版机构合作，主要有以下几个原因：第一，扩大中国市场占有率。扩大了市场占有率，跨国出版集团就可以增强其在中国的影响，将其现有的数字出版产品推广到中国市场，并有可能在现有市场上增加其出版物的发行量和广告收入。第二，扩充其数字学术资源。在数字化时代，优质的学术资源已经成为各个出版企业争夺的对象。当前，中国已经成为世界上科研产出的一支重要力量。中国丰富的学术资源为出版机构数据库的数据资源增加了筹码，中国优秀学术出版物的加入

---

❶ 孙万军.产业安全蓝皮书:中国出版传媒产业安全报告(2014)[M].北京:社会科学文献出版社, 2014:4.

❷ 励德.爱思唯尔数字化转型后的取胜诀窍——搜狐滚动[EB/OL](2014-12-01)[2018-02-01]. http://roll.sohu.com/20141201/n406535337.shtml.

有助于跨国出版商扩大其全球销售。因此，是否包括中国的优秀学术资源也成为衡量出版机构竞争力的一个指标。第三，与中国出版机构合作有利于其资本运作。跨国出版传媒机构的资本运作频繁，兼并重组时常发生，有了中国出版传媒机构的加盟，跨国出版集团的出版产品就贴上了"中国概念"的标签，通过打"中国概念"牌，这些跨国出版传媒集团就可以在资本市场上融资，有利于其资本运作。❶

国际化战略主要体现在产业链区位的定位整合与国际业务与贸易合作上，例如印度数字出版技术公司以其技术性优势展开国际化业务服务与开发。

第三节　研究意义与创新性

一、研究意义

国外数字出版全球化战略研究课题具有理论层面与现实层面的意义。

理论层面，数字出版代表了出版产业新兴的产业发展方向与趋势，也是全球化的重要表征，需要对它的创新经济全球化模式予以界定梳理。在此基础上，需要对数字出版创新经济全球化比较优势形成的特点、路径予以厘清。另外，由于数字出版的海量、快速、迅捷的传播特点，必然带来文化全球化的焦点化效应和更为激烈的文化博弈。需要考量数字出版文化全球化的焦点化分布趋势，并分析其背后引发的文化红利与安全问题。

现实层面，跨国集团数字出版全球化的步骤、经验、途径、路径，有助于分析影响全球化战略实施的因素。从产品服务、市场选择与定位、产业链环节偏好等方面构建全球化战略模式，这对推动本国全球化战略模式具有现实借鉴意义。

---

❶ 张晓红.国际合作出版对中国出版传媒产业安全的影响[M]//产业安全蓝皮书:中国出版传媒产业安全报告(2014).北京:社会科学文献出版社,2014:96.

二、创新性

通过对传统出版全球化战略与数字出版全球化战略的差异性比较，归纳出二者共性特征，以及数字出版经济全球化的特殊路径与表现形式。从创新经济角度，对数字出版全球化战略中的产品创新、工序创新与定价创新模式的运用情况予以总结。

通过个案分析与国别比较，形成微观与宏观两个层面的全球化战略模式，对经济全球化市场定位、产业链选择偏好以及文化全球化焦点分布趋势进行整理，提出借鉴启示与问题规避（见图1-1）。

本书以如下框图为线索进行论述：

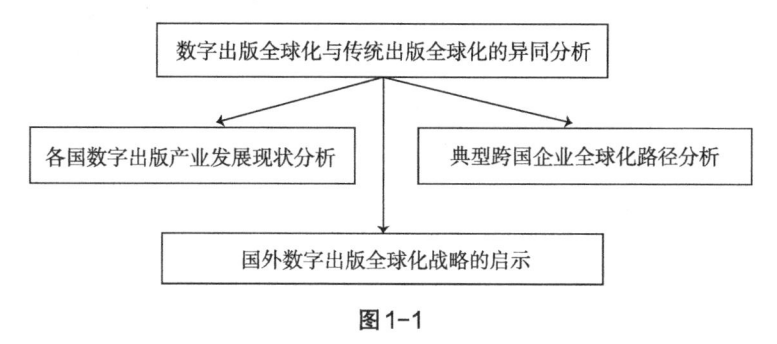

```
         数字出版全球化与传统出版全球化的异同分析
           ↙                              ↘
  各国数字出版产业发展现状分析      典型跨国企业全球化路径分析
           ↘
         国外数字出版全球化战略的启示
```

图1-1

第四节　研究方法和趋势展望

本书主要使用案例研究、定性研究以及专家访谈等方法开展研究。

一、案例研究

主要包括对不同国家数字出版全球化战略的内涵、战略目标和实施情况进行梳理，并且对不同产业链环节主体的出版巨头战略布局经验进行归纳与总结，涉及多国别、多环节案例设计，具有一定的难度和研究新意。

二、定性研究

对涉及国外数字出版全球化战略的内涵、目标、途径以及实施效果进行分析，归纳出数字出版变革下全球化途径的异同与创新点。从普遍性与特殊性两个层面分析国外数字出版全球化发展战略的起点和发展战略的经验借鉴。

三、访谈法

合作出版是国外出版集团开拓市场的重要手段之一。可以采用访谈的形式了解国外出版集团的合作项目或者合作机构以及合作方式，探寻国外数字出版全球化市场开拓的战略举措。通过统计合作出版形式的占比以及纸质产品、数字出版产品的联动情况来分析未来合作出版对数字出版产品生产与发行有影响力的门类并予以关注。另外，对于数字出版产品对应的市场类型和活跃度予以分析，对其市场需求和转化不平衡性和可挖掘性进行梳理和判断，并提供进一步的战略依据。

四、研究存在问题和展望

目前来看，国外数字出版全球化战略研究成果较少，一手的外文资料也较少。微观与宏观两个层面的研究文献散见在几个相关议题方面，如数字出版经营模式、各国数字出版发展情况梳理，专门研究数字出版全球化战略的成果很少。

有待进一步研究的问题主要体现在数字出版创新经济全球化模式、跨国企业数字出版全球化路径等方面。文化影响力焦点化分布与问题解读是未来数字出版全球化研究的发展趋势。

第一章 传统出版全球化与数字出版全球化异同分析

要想厘清传统出版全球化与数字出版全球化的相似性与差异点,必须首先建立统一的分析起点。一方面,需要探讨出版产业变革创新带来的新变化;另一方面,需要探讨全球化本质与方式的差异化表现。

第一节 全球化理论梳理

一、全球化与经济全球化

不同学科领域中,全球化的内涵和判定方式具有一定的差异。

(一)不同领域的全球化概念

西方理论界关于全球化的确切定义众说纷纭。综观现有的理论,全球化概念大致有如下几种界定。

从通信角度,全球化被认为是地球人类可以利用先进的通信技术,克服自然地理因素的限制进行信息的自由传递。

从经济学角度,全球化被视为经济活动在世界范围内的相互依赖,特别是形成世界性市场,资本超越了民族国家的界限,在全球自由流动,资源在全球范围内配置。这种经济全球化是自由派经济学家心目中经济发展的最终理想状态,也是众多跨国公司希望的结果。这种认识把经济全球化的根本动力归结为市场的发展,从而在理论上把国家推到了全球化障碍的一面。

从危及人类共同命运的全球性问题角度，全球化被视为人类在环境恶化、核威胁等共同问题下达成的共识。

从体制角度，全球化被视为资本主义的全球化或全球资本主义的扩张。依曼纽尔·沃勒斯坦（Wallerstein）的世界体系理论是最有代表性的尝试。❶他认为不平等交换形成了中心—半边缘—边缘结构的世界体系。这个体系的本质是资本主义世界经济。在他之后，美国学者阿里夫·德里克（Dirlik）认为"全球资本主义"也可以称作"灵活的生产"，也是欧内斯特·曼德尔所说的"晚期资本主义"。它指的是在新的经济"规则"（regime）下商品、金融交易以及生产过程本身的前所未有的流动。❷英国学者斯克莱尔（Sklair）则更直接提出以资本主义为核心的全球体系（global system）正在世界范围内扩展。❸他强调资本主义在全球扩张不仅是一个经济过程，而且是政治、文化过程，更确切地说是三者统一的过程。另一位左翼学者阿尔博（Albo）明确地说："全球化必须不仅被视为一种经济规则，而且是一种社会关系体系，它植根于社会权力特有的资本主义形式中，而且这种权力控制在私人资本和民族国家手中。基本上讲，全球化意味着市场作为一种经济规范者（regulator）日益普遍化。"他还进一步强调"全球化只是资产阶级的国际化"❹。

从制度角度，全球化被看作现代性（modernity）的各项制度向全球的扩展。英国学者安东尼·吉登斯（Giddens）是持这种观点的突出代表。他认为全球化不过是现代性从社会向世界的扩展。它是全球范围的现代性，因为"现代性骨子里都在进行着全球化"❺。吉登斯这种制度主义观点被罗伯逊批评为忽视了文化和文明在定义全球化中的意义。

从文化和文明角度，把全球化视为人类各种文化、文明发展要达到的

---

❶ 依曼纽尔·沃勒斯坦.现代世界体系[M].尤来寅,等译.北京:高等教育出版社,1998.

❷ Dirlik A. After the Revolution[M].Hanover,NH:Wesleyan University Press,1994.

❸ Sklair. Sociology of the Global System[M]. New York:Harvester Wheatsheaf,1991.

❹ Albo G. The world economy,market imperatives and alternatives[J].Monthly Review,1996(12):16-17.

❺ Giddens A.The Consequence of Modernity[M].Oxford:Stanford Univesity Press,1991:63.

目标，是未来的文明存在的文化。它不仅表明世界是统一的，而且表明这种统一不是简单的单质，而是异质或多样性共存。这一派学者更强调全球化是一个动态的、矛盾冲突的过程，没有一个单一逻辑，也不会出现其他学者所说的某种统一的局面。最早系统阐述该思想的是埃利亚斯（Elias），此后有罗伯逊、费舍斯通（Featherstone）等人。费舍斯通在给一本专题杂志写的导言中提出了全球文化（global culture）出现的可能性❶。他认为全球文化的相互联系状态（interrelatedness）的扩展也是全球化进程，它可以被理解为导致全球共同体（ecumene）——"文化持续互动和交流的地区"——的出现。20世纪90年代以来越来越多的学者成为这种观点的拥护者。❷

（二）经济全球化

从经济学角度探讨全球化，更多的是探讨经济活动在世界范围内的联动效果，具有一定的地域性和要素整合性。在一定程度上来说，"全球化"与"一体化"概念存在一定关联。

简·丁伯根（Jan Tinbergen）1950年首次提出"经济一体化"（economic integration）概念，在他所著《国际经济一体化》一书中进一步对世界经济一体化问题作了比较系统的理论分析。经济全球化（economic globalization）概念的较早提出者则是莱维（1985）和经合组织（OECD）前首席经济学家奥斯特雷（1990）。

现今西方国家广泛接受的经济全球化概念的定义为：对世界范围内商品、服务、资本等市场一体化联系不断增强的过程与趋势。而具体解释为：这一定义侧重于全球化的客观过程，而非某一社会机构的主张或原则，需要强调的是近年来世界经济活动本身的发展变化，是世界各国经济主体之间不断相互依赖与影响的结果，同时它也受到人们所制定的政策的影响，经济全球化同时是鼓励经济全球化政策的结果。

关于世界经济活动联系不断紧密的这一现实过程，国际、国内学者对

---

❶ Featherstone M. Global culture: An introduction[J].Theory, Culture and Society, 1990(7).
❷ 杨雪冬.西方全球化理论:概念、热点和使命[J].国外社会科学,1999(3):34-40.

到底是用一体化（integration，unification）还是全球化（globalization），存在一定程度的争议。经济学家李慎之认为经济全球化符合实际，而不赞成一体化，认为即使欧洲现在也只处在一体化的初级阶段。而来自经济发达和一体化程度较高的欧洲联盟的学者，则主张从全球经济一体化的角度予以研究。❶

全球贸易自由化是经济全球化研究的传统领域。世界范围内对于国际贸易中的服务贸易比较重视，尤其是对于其中的技术贸易有更多的关注。

经济要素全球化流动与交易是经济全球化研究的基本领域。跨国直接投资研究是第二次世界大战后国际经济研究的重点，近期大型企业之间的国际并购（merger）与战略联盟（strategic alliance）研究是其中的重要方向；金融全球化是一个争议颇多的问题，1997年以来开始于东南亚，波及亚洲和世界的国际金融危机，使得国际社会对金融国际化持谨慎态度；而欧洲联盟欧元货币的统一进程却在坚定地向前推进；人才国际化是引起全球注意的经济全球化领域的新话题，跨国公司及专业人才中介机构开始了全球范围内的人才争夺战；技术流动问题已如服务贸易所述，新近趋势为技术垄断和保护程度不断提高，直接获取廉价技术的时代似乎一去不复返，而跨国公司内部技术转移成为技术贸易是一大特色。

与经济要素全球化相联系的是企业生产与研究开发（R&D）的全球化。企业生产全球化是20世纪中期以来的国际经济现象之一，新近发展表现为国际生产分工的细化和标准统一化（如电信设备规格的统一、汽车生产的规格趋向统一等），而企业非核心业务生产的国际转包，接受跨国公司委托定制等成为新时尚；企业研究开发（R&D）全球化是近年兴起的国际经济现象，在不同国家的人才、技术、信息或市场集中地建立公司的R&D分支机构，成为现代跨国公司企业获取技术、人才、信息资源的重要方式。这一领域同时引起国际、国内学者的极大重视。

与经济各要素和各方面相对应的是区域经济整体的全球化，国际学者对作为经济全球化发展重要推动者和示范者的欧洲联盟予以了充分而持续

---

❶ 刘曙光.经济全球化研究进展综述[J].青岛海洋大学学报：社科版，2002(2)：12-16.

的关注，关于欧盟发展的详尽文献非常多。亚太地区经济合作研究是国际学者关注的又一热点，我国学者（尤其是2001年上海APEC会议之后）对此给予更多关注；其他如北美自由贸易区、非洲及拉丁美洲自由贸易组织等，也都有一定的研究成果发表。关于国际经济区域化与经济全球化发展的关系问题，是一个探讨频繁而经常出现分歧的问题。❶

经济全球化，从一定意义上说，就是产业全球化。例如，美国学者西蒙认为，经济全球化就是产业全球化。他认为，"最好将'全球化'看作一种微观经济现象，它指的是产业和市场一体化和联合的趋势"❷。产业和市场一体化联合的趋势，反映的是产业结构在世界范围内的调整和升级，产业组织在世界范围内的竞争和垄断，高新技术产业在世界范围的崛起和各国产业政策的世界性影响。伴随各国产业相互依存、相互渗透程度的日益加深，产业全球化已成为不可逆转的历史趋势，它实现了全球范围内生产、交换、分配和消费等一系列环节的国际经济大循环和国际产业链的形成。在科技和信息革命推动下，全球产业日益成为一种密不可分的全球产业网。在产业全球化浪潮下，"没有谁可以像孤岛那样，与世隔绝而独善其身"。产业全球化推动生产要素以空前的规模和速度在全球范围内自由流动，全球产业联系变量连续变化，从而导致全球经济日益紧密地联系在一起，并最终朝着无国界方向转变。❸

二、全球化发展历程

15世纪以前，人类受制于落后的通信、交通等技术以及生产力水平的约束等，还不具备全球化产生的物质基础，世界各地相对处于孤立、分割状态。16世纪后，随着各种技术尤其是航海技术的快速发展，葡萄牙、西班牙、荷兰等国开始重视开辟新航路或新商路，这些国家通过战争掠夺和殖民地经济与世界其他地区发生了直接的经济联系，从而暴力催生出经济

---

❶ 刘曙光.经济全球化研究进展综述[J].青岛海洋大学学报：社科版，2002(2)：12-16.
❷ 西蒙DF,戴涛.世界经济体系中的中国[J].国外社会科学，1992(3).
❸ 王述英.产业全球化及其新特点[J].理论与现代化，2002(1)：39-42.

全球化萌芽，这是第一次具有近代意义的全球化进程，可称之为葡萄牙模式，其特征为军事掠夺。

第二次全球化进程始于英美等国先后发起的工业革命，18~20世纪，英美等国完成工业革命后，军事殖民成为这些国家对外扩张的主要手段。在这个进程中，世界主要区域或大量资源基本被资本主义列强瓜分殆尽，资本主义世界体系最终得以确立并发展壮大，由其主导的所谓世界自由市场体系最终成型，这是第二次全球化进程，即全球化2.0，可称之为英国模式，与第一次如出一辙，其特征为军事殖民。

20世纪中下叶，随着资本主义国家内部矛盾的不断缓和及冷战的推动，殖民地在解放运动中一一走向独立，宣告了全球化2.0的终结。历史表明，仅仅通过军事力量强迫搭建起来的、以践踏他国主权和利益为代价的全球化经济体系无法长久维持。因此，以美国为首的西方发达国家开始通过构建全球性的经济、贸易、金融合作组织来主导第三次全球化进程。世界三大经济组织世界贸易组织（WTO）、世界银行和国际货币基金组织的产生与发展标志着经济全球化从无序状态迈向体系化和制度化，即美国模式，其特征主要是西方发达国家主导全球化的经济及贸易运行规则。[1]

三、全球化理论基础演进

（一）经济学领域

西方经济学创始人亚当·斯密（Adam Smith，1723—1790）的国际分工理论和大卫·李嘉图（David Ricardo，1772—1823）的比较成本学说，主要从生产成本角度论证经济（当时主要是贸易）国际化发展的理论依据；赫克歇尔（E. F. Heckscher，1879—1952）和俄林（B. G. Ohlin，1899—1979）提出国际贸易的要素禀赋学说，是经济国际化发展的重要理论进展；而自从里昂惕夫（V. W. Leontief，1953—）提出著名的"里昂惕夫之谜"（The

---

[1] 张可云.全球化4.0、区域协调发展4.0与工业4.0——"一带一路"战略的背景、内在本质与关键动力[J].郑州大学学报：哲学社会科学版，2015（3）：87-92.

◀◀◀ 第一章 传统出版全球化与数字出版全球化异同分析

Leontief Paradox)以后,经济国际化的理论学说不断丰富,从技术进步、生产周期、人力资本、相互需求等多方面解释经济国际化,使经济全球性化理论不断发展。

哈佛大学商学院迈克尔·波特(M. Porter)教授于1990年提出著名的竞争优势理论,指出世界经济中各国经济之间的联系建立于各国某些产业(企业)的国际竞争优势,并提出关于支持产业竞争能力的"钻石体系"理论。此后,世界经济论坛和瑞士国际管理发展学院制定了用于测定一个国家(地区)国际竞争力的指标体系,其主要内容包括经济实力、国际化水平、政府管理、企业管理、基础设施、国民素质、科学技术七个方面。国际竞争理论体系的建立与发展是现代经济全球化理论基础的重要发展。❶

按照主流跨国公司理论学家邓宁的"折中范式"(OIL paradigm),跨国公司对外投资决策实际上是一种综合的区位选择,即区位决策的同时往往要考虑企业进入模式及进入的产业选择等关联因素,这一特征使跨国公司的区位决策成为一种复杂的现象。但在传统理论中,由于区位被限定为国别单元,区位选择优势被视为国家的所有要素禀赋(物质与社会的资源要素,即一国总体生产函数中的各项变量)。这一限定随着跨国投资的日益深入反而变得不相适宜:从最新的市场供给与需求变化特征来看,市场需求由过去的单一规模化产品满足正转向客户多元化需求满足;市场供给则由于信息与技术的突破进一步降低了进入壁垒。二者的变化意味着在海外更多地响应并提供当地化服务变得重要;同时海外机构自身的独立性与重要性也更为突出,原先完全依靠母国提供支持的做法正逐渐发生变化。特别对身处海外科学与技术中心的跨国公司分支机构来说,它所从事的知识创新与发展活动对于母公司乃至整个跨国公司体系都可能至关重要。上述变化表明,跨国公司的价值链运营出现了地区裂变与重整的契机,这一地区裂变与重整突破了简单国别范畴,它可能形成于一国内部、自由贸易区或一体化区域内部的某些地方,即对外投资的空间经济分布意义变

---

❶ 刘曙光.经济全球化研究进展综述[J].青岛海洋大学学报:社科版,2002(2):12-16.

得更为突出。❶

多市场博弈是实行全球化战略的跨国公司进行全球竞争的重要方式。而进入全球化的模式，国际化过程理论提出了两种可被识别的国际化模式：其一，在进入模式上，由资源投入较低逐渐向资源投入较高的方式过渡；其二，在海外目标市场选择上，呈现出心理距离逐渐增加的倾向性。企业在国际化进程中，不同的市场进入方式的选择取决于不同方式之间成本的比较。交易成本理论指出，资产的独特性、行为的不确定性和环境的不确定性三者的共同作用导致了两种成本的发生，即市场交易成本和控制成本。❷

（二）文化研究领域

石文卓梳理了英国著名文化理论学者约翰·汤姆林森（John. Temlinson）的"文化全球化"理论，论及全球化作为现代性的表征，反映出广泛的网络连接性，当下的文化全球化发展实际上充斥着"非领土扩张"的新型特征，伴随着全球化与本土化的博弈与互动，文化安全问题逐渐成为重要的探讨议题。❸

金惠敏在与约翰·汤姆林森教授的对话中，提出要避免单向度的文化帝国主义的认知，用更加丰富的文化、哲学以及社会学角度诠释全球化的概念。约翰·汤姆林森强调使用"解域化"（deterritorialization）描述全球化对地方文化的作用效果，其实质是透入地方文化，同时又有一个地方化的过程，每一种文化都是锚定在一个地方。而在这个过程中，虽然一定程度上出现了吉登斯所提出的"脱域"（dismembedding）效应即地方性受到影响的过程，但并不会完全被脱域。因此，从某种程度上说，文化全球化这一概念的提出本身存在着矛盾性，确切来讲，文化领域的"全球化"应该被

---

❶ 郑飞虎.研发全球化与跨国公司对美国研发投资集群研究[J].经济问题探索,2010(5):111-118.

❷ 张平淡,吕海军.战略管理[M].北京:中国人民大学出版社,2013:237-238.

❸ 石文卓.多元还是一元:从国家文化安全视角再读约翰汤姆林森的文化全球化视角[J].天府新论,2013(6):118-121.

定义为"互域化"。❶

詹艳从知识产权的视角提出，文化商品化和全球化在本质上是版权的扩张与博弈，由此呈现三种对全球化不同的认识流派：考恩和杜盖伊学者认同全球化的积极作用；但也有学者认为这会加快土著知识和作品的商品化，简单地将其开发为一系列的经济权利，低估了其精神价值和权利；另外一派则认为全球化会带来更大的文明冲突。最后，在文化全球化进程中，更多人选择"全球本地化"的理念。❷

沈本秋梳理了文化层次结构的四种理论观点，其中在制度和价值方面具有高度的重合度，借以利用三层结构方式即物质文化、制度文化和价值文化分析了美国文化全球化的方式途径与影响力，这种分层结构的方式对于全球化影响力分析具有一定的借鉴意义。❸

第二节　出版产业全球化路径分析

出版产业是文化产业重要的组成部分，是探讨文化软实力以及文化全球化是不可忽视的环节。出版产业在版权产业的构成中，在核心版权产业领域占据重要地位。

目前来看，中国核心版权产业行业增加值占GDP的比重仍低于美国和澳大利亚等发达国家。2013年，中国核心版权产业行业增加值占GDP的比重为4.31%，当年美国核心版权产业的比重为6.71%，中国低于美国2.4个百分点。2014年，中国核心版权产业行业增加值占GDP的比重仍低于澳大利亚0.41个百分点。这表明，中国核心版权产业对国民经济的贡献仍低于美国和澳大利亚等国，但近年来随着中国核心版权产业的快速发展，这种

---

❶ 金惠敏.文化帝国主义与文化全球化——约翰·汤姆林森教授访谈录[J].陕西师范大学学报，2012(11):11-20.
❷ 詹艳.版权扩张：文化商品化与文化全球化[J].河北法学，2013(6):172-179.
❸ 沈本秋.美国文化全球化的层次结构分析[J].太平洋学报，2010(12):29-35.

差距也在逐渐缩小。[1]

一般来讲，文化全球化渠道与手段的选取，会受到宏观与微观层面因素的共同影响。宏观层面，主要体现在产品、服务、研发领域在特定历史时期跨国文化输出中的准入门槛和转化成本，而这与输出国的产业集中度、影响力、市场包容度以及用户接受能力均有直接关联。微观层面，主要体现为具体输出机构尤其是跨国企业自身的资源优势水平和跨国区域布局战略的弹性。

一、出版产业全球化过程分析

出版产业全球化路径往往具有渐进性的特点，前期经历较长时间的市场调研和业务模式探索，采用融入—转化—创新的发展过程。这三个不同的阶段，如同锁链状相互关联。

以"互域化"作为全球化的核心内涵，涉及第一个阶段——固化产品转移阶段（贸易渗透、既有产品价值的跨地域覆盖、标准），众多的会展、协会活动发挥了巨大的作用；第二个阶段——一体化阶段，本地化分支机构设置、人才孵化、项目合作制、合资企业创立（脱域）；第三个阶段——创新孵化阶段，战略定位拓展、资本融合。

英国学者约翰·费斯克（John. Fiske）发现了"异常解码"传播现象并挖掘其背后的"生产性受众观"，认为生产性文本和生产性受众犹如一枚货币的两面，两者相辅相成，缺一不可。费斯克提出，意义存在于文本之间，意义是由身处社会的读者和文本相结合而产生的，并不仅仅是由文本自身决定。[2]出版产业中的核心文化内容在跨国传播过程中，也存在着互文性意义生产以及符码协商——引发出新的符码赋权（吸引力原则）的现象。

---

[1]肖虹.2014年中国版权产业经济贡献报告发布[J].中国版权,2016(3):71.
[2]孔令华,张敏.费斯克的生产性受众观——一种受众研究的新思路.南京航空航天大学学报：社会科学版,2005(1):48-49.

二、出版产业全球化渠道与方式选择

参与出版产业全球化的企业按照涉及领域的差异,可分为内容提供商、技术支持商、服务提供商以及终端设备供应商等。但在产业融合的背景之下,一体化优势构建成为重要的发展趋向。

一体化发展战略是指企业充分利用自身在产品(业务)的生产、技术、市场等方面的优势,沿着其产品(服务)生产经营链条的纵向或水平方向不断地拓展其业务经营的深度和广度来扩大经营,提高其收入和利润水平,使企业得到发展壮大的一种战略。

一体化发展战略根据其实施方式的不同,可分为横向一体化、纵向一体化和混合一体化。其中,横向一体化是指企业使现行业务范围作横向扩展的经营战略;纵向一体化是指企业使业务经营范围在供应链上作纵向扩展的经营战略;混合一体化则是指企业经营业务的扩展方式既有横向一体化又有纵向一体化的经营战略。总之,一体化发展战略能够使企业市场交易内部化,降低交易费用,发挥企业垄断优势,兼而获得规模经济、范围经济的效应,既可扩张企业规模,又可提高企业的收益水平。❶

在这种情况之下,根据优势资源集聚、降低交易成本、扩大产业链条控制力的超级锁链式发展成为较多出版企业产业链上下游贯通的通行方法。

第三节 数字出版全球化共性与特性分析

数字出版作为出版产业中的新兴领域,其全球化的方式具有一定的特殊性,这主要是由技术性因素和业务模式变化引起的。

---

❶ 魏华飞,方文敏,陈忠卫.一体化视角下的企业"聚变"和"裂变"[J].现代企业,2004(4):26-27.

一、影响因素分析

（一）媒介融合趋势

数字出版是指用数字化手段重塑传统出版形态并萌生新形态的出版行为领域，运用计算机存储、运算、网络传输和智能输出呈现等技术手段重组数据、信息、知识和叙事内核的生产方式、发布形式和盈利方式的活动领域，其产品形式、传输方式、表现形式具有多媒体化特征、网络化渠道特征以及模块化整合特点。

这与媒介融合现象有共同的发展趋向，首先，各种表现形式的内容集聚在一起；其次，通信领域、计算机领域和传媒领域不断整合，产业壁垒不断减弱；最后，产品形式的衍生价值和增值方式在产业链中碰撞引发附加值革命。

（二）技术革新给增值环节和渠道带来的变化

新兴技术变更带来了出版产业流程再造的序幕，而原来的产业链盈利构成也发生巨大的变化。相关研究显示，在印刷出版时代，创作、开发、包装环节在整个产业收益率方面占据41%的比例，印装占比40%，分销占比19%。而数字出版时代，数字化对出版商增值活动产生巨大影响。同样是创作/开发/包装环节，其整体构成增加46%~54%，传统印装部分被革新为综合服务、平台管理两大环节，各占8%~12%的比例，而分销环节的形式、作用以及份额都有所变化，所占比例为12%~16%，终端用户技术领域则占比12%~16%。[1]因此，数字化技术产业链环节价值增值形式和比重发生较大变化，这无形当中会对利润产出环节、方式带来巨大影响。

（三）业务模式的差异化

英国学者约翰·汤普森（Thompson）将内容定位为四个层面，再具体

---

[1] 徐丽芳.数字出版概论[M].北京:电子工业出版社,2014.

划分为八种形式。这几种不同形式在电子化、数字化技术作用的价值增值能力与速度方面具有差异性和不确定性。数据、信息、离散成果以及聚合知识是细碎的内容,它们组合成离散的片状数据或文本,能够被聚合成多种形式的集合体,并且在诸如可平衡性、可检索性和互文性功能方面能增加实际价值。叙事体内容具有渐进累积特征,需要延续性时间完成阅读。持续性辩论和教学知识也具有渐进累积特征,但网络环境有途径来增加它们的价值。❶由此,针对在线数据形式与环境,不同出版类型和对应市场的发展能力表现出显著的差异性。在盈利模式打造和发展战略层面,也呈现两种不同的路径。期刊、专业知识和工具书内容具有较高的适应性,由于内容离散性和逻辑关联性,使其趋向数据库谱系和延展知识服务盈利模式。而教育性内容适应性略低一些,但较为适合开辟教育服务型产品和功能场景服务。大众出版内容在在线数据转化与增值能力方面受到内容集聚性弱和版权合同年限等产业运营限制,趋向于横向产业链价值的贯通,即IP价值模式开发,多领域市场价值叠加。

二、共性与差异性分析

(一)共性

传统出版与数字出版主要是基于技术变革驱动的业务领域与范围界定的,二者在跨国企业进行全球化战略的过程中具有相关性。一方面,传统出版与数字出版业务均需要经历融入—转化—创新的发展阶段;另一方面,其都需要借助于本企业海外机构与代理机构的主体推动。

(二)差异性

1.知识服务全球化传播"选择或然率"高现象

数字出版产品与服务实际上统摄的是一个产品谱系。根据传播学者威

---

❶ 汤普森 J.B.数字时代的图书[M].张志强,等译.南京:译林出版社,2014:326.

尔伯·施拉姆（Wilbur Schramm）的选择或然率公式"报偿的保证/费力的程度"来看，一方面，由于学术性内容整合性强、离散性增值能力大，知识服务数据库的购买费用、维护费用和衍生增值服务费用较为可观；另一方面，随着"开放存取"（OA）模式的推广，在国际主流外文刊物发表意愿与影响因子作用的双重助推下，作者付费模式的用户使用意愿与期待较高。由于互联网的传输环境，普通用户和机构订阅用户直接获取相应内容服务的条件较为便利；另外，图书馆机构和科研机构的购置需求也使得这一类型出版市场在全球化环境下呈现"选择或然率"高的现象。

2.移动互联使得硬件与销售平台化优势捆绑

根据皮尤研究中心数据，目前全美有1.75亿智能手机用户，预计到2020年，13岁以上的美国人将100%使用智能手机。移动互联网为出版商们带来了可以跳过中间渠道商，将自己的内容直接送达读者并可与读者和作者进行互动的契机。

汤森路透2015年11月宣布与三星电子合作，旨在专业内容领域，使其优质内容与高端设备进一步融合，面向专业人士提供个性化信息解决方案；麦格劳希尔教育集团也与三星联手，基于三星平板电脑设备，定制开发的ALEKS®及Thrive个性化在线教学软件，为学校提供K-12在线教育服务。❶

一方面，智能终端设备普及率不断上升，使出版商在数字出版物产品开发层面有了新的渠道选择和样态开发模式，适合智能阅读设备的应用程序和与既有内容资源整合性强的定制软件服务不断进入我们的视野；另一方面，由于碎片化、去中介化作用的影响，出版商们逐渐应用D2C战略，打造内容资源、个性化服务、销售平台与硬件设备的捆绑优势，这有助于在全球化传播中跨越较多传统营销渠道的固有限制。

3.营销模式与资源整合方式的社区化变革

新兴网络技术发展背景下，社区化、分众化趋势不断加剧，而O2O线

---

❶ 魏凯.2015年国际数字出版年度总结[EB/OL](2018-01-06)[2018-02-01].https://mp.weixin.qq.com/s?__biz=MzIwODA4OTQ4OQ==&mid=401881074&idx=1&sn=b380ad9c6d6d4a32deaa844ee2b57d03&scene=2&srcid=0107y6ZRPiI7AWjlekNfJi3K&from=timeline&isappinstalled=0.

上线下活动营销成为新用户培养的既定动作。网络环境下的自助出版平台最大化地整合了作者与作品资源。作家网群比较有代表性的是 The Sweet Sixteens，是主要定位在青少年的作者网群。读者网群如 Tumbl 的再博客图书俱乐部，利用第三方社交平台整合读者群体。社交出版商比较有代表性的是瓦特书籍（Wattpad），定位为"三免"平台，即免费创作、免费阅读、免费分享，创始人自诩它为"口袋里的图书馆和在线出版界的YouTube"。目前，已经有累积超过4500万人的社交群体，每个月在网站上的时间超过150亿分钟，超过2亿多的上传内容，90%是移动终端使用者。该社交出版商在美国和英国的用户人数占比最多。

4. 大数据战略的友好性

2015年法兰克福书展期间，大数据已成为各国际出版巨头们讨论的热点。国际出版商纷纷借助大数据技术提升自身的服务水平和能力。一般来说，对于数字出版产业来讲，大数据价值主要体现在以下几个增值环节。

第一，销售平台的有效销售数据和评价数据，这部分数据可以对产品再生产与营销具有积极价值，尤其是有效评价数据的语义分析，将建构新兴的出版物评价体系。

第二，智能阅读设备与应用程序的阅读数据，从不同章节的停顿和阅读速率，对原有内容重新设计具有参考价值，以往就有出版商根据回收的用户阅读停顿数据，重新设计内容悬念点提升阅读体验的尝试。

第三，在法律法规与伦理前提下，对用户行为数据进行关联运算。例如，2011年创立于美国加利福尼亚州伯克利的Callisto传媒公司，利用大数据分析，发现市场需求旺盛但还没有相关图书的空白点，找到合适的作者并针对读者的需求进行写作。该公司专注于非虚构类图书，致力于帮助读者获得更健康的生活，出版的图书包括烹饪、健康、饮食、瘦身、心理自助、商业、情趣手工、家居生活等类别。

Callisto传媒公司代表了一种新兴的出版模式——将海量的大数据分析和丰富的出版经验相结合。公司创始人兼CEO本杰明·韦恩表示，他的公司每月收集6000万条读者数据。举例来说，消费者在亚马逊网站上输入搜索信息,很多时候,搜索不到需要的产品,这些就是市场空白点。韦恩认为,从他自己的角度来看,消费者的数据浩如烟海,根据这些数据来判断消费者的购买决策似乎很荒谬,但这就是大数据分析的价值所在。

Callisto传媒公司对小众市场比较热衷,像《桥本的4周计划》(*The Hashimoto's 4-Week Plan*),该书帮助读者减轻自身免疫性疾病带来的痛苦。韦恩说:"只要卖出1500册,我们就盈利。而传统出版业必须卖出比这个数字多得多的书,才能达到收支平衡。"Callisto聘请的作者必须严格按照根据大数据分析结果拟定的大纲进行写作,而且必须在很短的时间内完成。公司的目标是,从发现选题到新书上市,必须在9周内完成,毕竟竞争对手除了传统出版商,还有各类搜索引擎,读者可以很快利用各种搜索引擎获得想要了解的信息。❶

第四,利用分词技术和基因组分析方法,对出版物内容本身的情节、主题、情绪、背景、关系属性等方面进行测算,提炼出相应数据用以制定营销计划和个性化推荐算法。例如,早在2010年,Google利用手里的520万本数字化书籍制作了一个书籍词频统计器——Google Books Ngram Viewer,正式作为Google Labs一员发布。其可以对比多达5个词语在1800-2000年间出版的图书里出现的次数多寡,支持英语、法语、德语、俄语、西班牙语和中文。这些趋势数据利用较长时间跨度的文化传播历程的回溯,带来文化组学新发展的趋势。

BookLamp的推荐引擎利用自然语言处理技术对书的语言、情节、主题及形式进行多方位分析,基于此绘制图书的"基因组"。具体来说,BookLamp的推荐引擎首先将一本书的全文分解成100个场景,然后分析每个场景的"DNA",同时分析132个不同主题成分。除此之外,BookLamp还会从其

---

❶ 瞿磊.美国Callisto Media:根据读者需求定制图书,大数据可以做到[EB/OL](2016-10-09)[2018-02-01].http://mp.weixin.qq.com/s?__biz=MjM5MzU4MTU4MA==&mid=2650320148&idx=1&sn=0186ebbc5d8def82cdcb815bd970c0c0&chksm=be98d27789ef5b61842004b85efb56b3cb92285da6c7df3a47ccf7d0a5adab379a3c32275710& mpshare=1&scene=1&srcid=1009WrHIAsRVJtfpavRS9pdr#rd.

他2000多个方面分析一本书的内容。❶

数字分销商兼科技开发公司Trajectory通过智能化网络将出版商和经销商连接到零售商、图书馆及世界各地的其他渠道和读者。通过提供新的工具和元数据来进一步协助经销商解决他们的客户在寻找他们需要的书时面临的挑战。轨迹公司目前正在通过自然语言处理程序处理成千上万本书，找出书的独特特征，将有助于读者发现和更加深入获得书的信息。我们使用从古典文本作品中获得的解释性数据作为基础来对比近期出版的书。

Trajectory通过向使用NLPE的出版商收取关键词和"了解他们的图书"的收费创造收入，另外还有来自电子书零售商以图书信息、"社会指向"以及向Trajectory独家提供的图书属性为基础的图书推荐而支付的费用。Trajectory还向一个包括超过300家零售商和图书馆的国际网络提供电子书。

通过连接网络的计算机，Trajectory NLPE扫描了数千本图书的内容，将每一个句子和组成元素转化为能够被分析和提取的语言数据模式。NLPE将一本书的内容罗列出超过30个"属性"，包括长度、章节、速度、强度、情绪、文字类型及读者年龄，通过这些数据，NLPE能够鉴别到其他拥有相似属性和语言模式的图书。❷

哈珀·柯林斯出版集团通过对读者数据进行全面的收集，基于大数据技术对数据进行分析，从而制定了更好的定价策略，并发现了通过在线社区和社交媒体宣传和销售以吸引读者的好模式，由此可获知读者亟须内容的类型。

西蒙-舒斯特出版公司也借助底层数据建设及大数据分析，助其发现新领域，以继续扩张其国际版图。西蒙-舒斯特聘请了数据科学家以便更有效地利用大数据分析销售渠道产生的数据并试图发现它们的意义，如可以分析得出为什么人们喜欢某个作者或如何定价更好，在某些情况下，将对图书销售造成很大影响等。

---

❶ 苹果为何盯上它？BookLamp有图书基因组计划［EB/OL］（2014-07-28）［2018-02-01］.http://www.leiphone.com/news/201406/booklamp-book-genome-project.html.

❷ 新兴公司为图书搜索工具争取客户［EB/OL］（2018-02-09）［2018-02-01］.http://www.bkpcn.com/Web/ArticleShow.aspx?artid=122854&cateid=A1802.

加拿大Intellogo公司基于大数据技术帮助出版商策划内容，帮助零售商做出更好的营销计划和购买决策，为各种类型的读者找到其所需的内容。例如，通过大数据技术对读者在在线书店的阅读书单进行分析，从而基于他们的阅读兴趣推荐图书；通过不断增长的元数据和对目前畅销书的分析，制定有针对性的营销方案，将类似的书目提供给读者。❶

---

❶ 魏凯.2015年国际数字出版年度总结［EB/OL］（2016-01-07）［2018-02-01］. https://mp.weixin. qq.com/s?__biz=MzIwODA4OTQ4OQ==&mid=401881074&idx=1&sn=b380ad9c6d6d4a32deaa844ee2b57 d03&scene=2&srcid=01 07y6ZRPiI7AWjlekNfJi3K&from=timeline&isappinstalled=0.

第二章　各国数字出版产业发展情况分析

《国际出版蓝皮书（2015版）》指出，2014年，美国电子书出版255341种，较2013年增加9.9%，其销售额为3.37亿美元，略高于2012—2013年收益。2014年英国电子书销售量增长11%，销售总额从2010年1.69亿英镑增长至2014年5.63亿英镑。2014年，德国共出售电子书2480万册，比2013年增长330万册，但增长率相较于2013年有所放缓。日本电子书销售额为1266亿日元，同比增长35.3%。韩国电子书市场规模为7063亿韩元，同比增长20.9%。

2014年7月，亚马逊宣布正式推出一款名为"阅读无限"的电子书订阅服务模式，每月订阅费用为9.99美元。美国出版商协会年度报告也将电子书订阅纳入统计范围，2014年美国电子书订阅收益为0.2亿美元，而2013年仅为0.062亿美元。

2014—2015年，美国国民阅读无论是纸质书阅读率还是电子书阅读率均较以往有所增加。虽然电子书势头看似强劲，但纸质书依然是美国民众阅读的首选。在德国，全职人群往往选择有声读物，但与2012—2013年相比，2014—2015年有声读物销量由4.1%降到3.8%。法国电子书市场情况比较特殊，虽然有15%的人每年阅读1本以上电子书，但民众尤其是精英人士更喜欢阅读传统纸质报刊，96%的人每个月至少阅读一种报刊，比2012—2013年增加0.7%。2014年，日本国民电子书总体利用率为29.3%，并且呈逐年增长趋势。2014年，韩国只阅读纸质书的人群占51.7%，比2012年下降4.3%；同时阅读纸质书和电子书的人群占13.2%，与2012年相比略有上

升；只阅读电子书的人群占2.4%，也呈上升趋势；两者都不阅读的人群占32.7%，比例较大。❶

第一节　全球出版产业格局分析

综观全球出版产业发展格局，近几年来受金融危机影响、汇率浮动变化、技术化应用升级及市场选择细分等多方面因素的影响，全球主要国家出版产业发展呈现出两点共性特征。

一、高利润率导向调整运营市场比例，资本并购建构区域市场拓展快捷方式

2014年，世界范围内10家最大出版集团占据前五十大出版集团总收入一半以上，比例有轻微下降，从57%（2008年、2009年、2010年）到2013年的54%（2012年为55%）。与此同时，排名第21到第50位的30家公司，这个比例从2008年和2009年的21%，提高到2013年的24%。

在最大的出版集团中，STM公司占据总收入的42%，教育出版占比1/3多一点（35%），大众出版（或者一般文学出版）下滑到当今国际出版巨头总收入的23%。越来越多的大出版社围绕加强主业进行并购重组，不管是教育出版（培生、圣智、麦格劳-希尔），还是专业信息出版（励迅集团、汤森路透），还是大众出版（兰登书屋、阿歇特）。最大的大众图书出版社的盈利水平保持坚挺，大多数大公司的利润率在10%左右，近期的重组有利于提高利润，数字出版业务更是达到高利润率。❷

2015年，培生剥离旗下大众出版分支企鹅，使之与贝塔斯曼旗下的兰登书屋合并。培生还将其报纸运营业务（包括《金融时报》和在《经济学

---

❶ 涂桂林.聆听世界出版的足音[EB/OL].(2016-09-13)[2018-02-01].http://mp.weixin.qq.com/s?__biz=MzI1MTA2NTI0MA==&mid=2651072534&idx=1&sn=5d00c5ca721ab5783eeebbe14b379828&chksm=f2082ee1c57fa7f7ee27af4 9a21d385c414820fbd6dc1e688f953534560c7042b7747af1ca6d&scene=1&srcid=0913y0THkwhrvgklhwD5 PoQg#rd.

❷ 2014年全球出版50强发布中国公司排名大幅提升[EB/OL].(2016-07-01)[2018-02-01].http://www.bookdao.com/article/81986/.

家》的股份）并入更为宽泛的专业出版部门。霍兹布林克的增长步伐审慎稳健，主要功臣是旗下的大众出版部门（现更名为麦克米伦出版公司）。不过在其科学、学术部门（现为麦克米伦科学教育出版）收购施普林格科学+商业传媒（Springer Science and Business Media）的举措将使这一德国企业在科学和专业出版板块迈入一个全新的国际版图。❶

2015年最大的合并大概发生在STM领域，如霍兹布林克与斯普林格的科学出版业务合并，各占53%和47%。新的斯普林格自然集团还没有被整合进霍兹布林克。❷

二、"三大出版类型市场"强者愈强，呈现"马太效应"

从全球出版纵深度和广度来看，2014年的数据打破了之前数年的相对稳定性，2015年的数据进一步拉升变化。这两年数据呈现持续增长、强者愈强的态势，全球出版10强总收入达到342亿欧元，较2014年增长8%，比2013年提高17%，在全球50强中占比达54%。❸

第二节 美国数字出版产业发展情况分析

一、美国数字出版市场产业集中度高

美国数字出版产业集中度较高，在2016年中国数字出版年会上，约翰·洛兹维拉（John Lopez Vera）以时间线的方式解读美国数字出版产业发

---

❶ Rüdiger Wischenbart. 2015全球出版50强排名报告分析报告.韩玉，译.[EB/OL]（2015-06-29）[2018-02-01].http://www.bookdao.com/article/94254/.

❷ 吕迪格·魏申巴特.2016全球出版业排名报告概述[EB/OL]（2016-08-26）[2018-02-01].http://www.bookdao.com/article/268260/.

❸ 2016全球出版50强峰会：转型与全球化——出版业未来趋势再展望[EB/OL].（2016-08-26）[2018-02-01]http://mp.weixin.qq.com/s?__biz=MjI5MzU4MTU4MA==&mid=2650319896&idx=1&sn=024e0d7163b55465ef87eafec500 0d11&mpshare=1&scene=1&srcid=0826vDDG9C2P3OsVLCNkyno7#rd.

展新趋向。他谈到，美国不同出版市场都表现出产业集中度高的现象。在大众出版市场，企鹅兰登、西蒙-舒斯特、哈珀·柯林斯和阿歇特四大集团占据40%的美国市场份额（见表2-1）；学术出版市场中，爱思唯尔、斯普林格、威利和泰勒·弗朗西斯占据50%的美国市场；而赫斯特和时代华纳集团则控制较大比例的美国杂志市场。

表2-1　2015年美国大众图书市场Top5

排名	出版商	市场份额
1	企鹅兰登	37%
2	哈珀·柯林斯	17.50%
3	西蒙-舒斯特	11.70%
4	阿歇特	9%
5	麦克米伦	5%

（排名由Publishers Lunch网站根据美国出版商协会公布数据统计）

二、电子书消费波动较大

根据Books&Consumers对消费者购买电子书消费的一项统计，美国五大出版商市场份额从2014年38%跌至34%，自助出版者市场占比从8%增至12%，小型出版商的市场占比从26%增至30%。

（一）新代理机制提高电子书价格，自助出版电子书受青睐

电子书经历2013年巅峰32.4亿美元后一路下滑，2015年下滑11.3%至28.4亿美元，销量下滑9.7%，至4.24亿册。电子书在大众图书市场占比下滑2%~17%，2013年占比为21%。青少年及儿童电子书的大幅下滑是大众图书市场下滑的主要原因。

在2014年，五大社与亚马逊就销售电子书达成代理协议，电子书重新实行代销制后，电子书售价降低消费者购买意愿。2015年电子书售价从9.99美元提升至14~15美元，电子书售价中位数已接近10美元，而自助出版电子书售价中位数已降至2.5美元。消费者转向购买自助出版电子书，五

大社的电子书市场份额被小社和自助出版者抢占（见图2-1）。

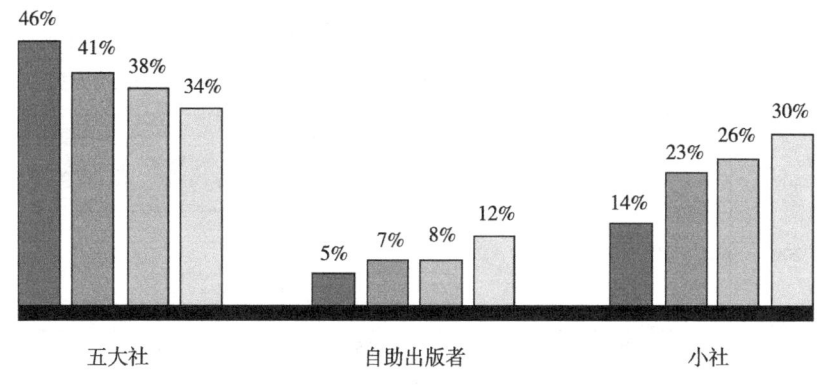

图2-1 2012—2015年美国电子书市场占比

2015年，美国五大出版商电子书收入占比与2014年相比变化均不大。从格式上来看，截至目前，全球的电子书格式已形成Kindle、ePub以及PDF三分天下的局面。

五大出版商出售电子书的比例越来越小，目前仅占到从亚马逊平台售出的电子书总量的25%，独立出版作品占据了总量的45%，而这部分并未计入美国出版商协会（Association of American Publishers）统计系统。从亚马逊的电子书畅销榜也可以看出，TOP20中的10种、TOP100中过半都是自出版作品。

美国出版商协会报告显示，2016年上半年美国图书出版商收入与2015年同期相比下降了3.4%，跌至53.7亿美元，这些收入来自实体书店和图书批发商的订单及读者在线上的订购。

电子书销售额则下跌20%，降至5.795亿美元。付费下载音频、平装书和精装书的销售额均呈现上涨趋势。尤其是付费下载音频，其销售额上涨32.3%，达到1.267亿美元，而平装书销售额上升8.8%，达到10.1亿美元。精装书销售额增长0.9%，达到9.897亿美元。

2014—2016年上半年，美国出版商协会数据显示，电子书销售额连续3年下降，销售额比例由2014年的26%，下降到2016年上半年的19.2%（见图2-2）。

[图表：2014—2016年上半年不同形式书市场占有比例]

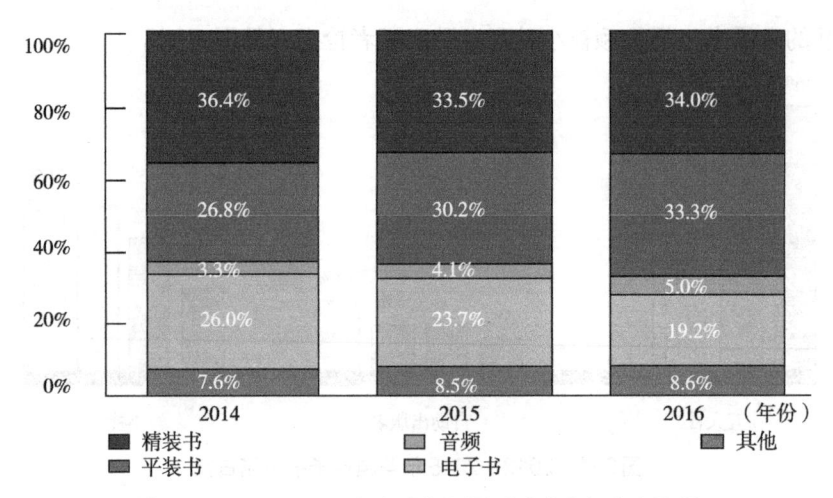

年份	精装书	平装书	电子书	音频	其他
2014	36.4%	26.8%	3.3%	26.0%	7.6%
2015	33.5%	30.2%	4.1%	23.7%	8.5%
2016	34.0%	33.3%	5.0%	19.2%	8.6%

图2-2　2014—2016年上半年不同形式书市场占有比例

（二）成人类电子书收益突出

根据PubTrack Digital的统计，在成人小说领域，电子书收入的占比高达48%，远远高于成人非小说中电子书收入占比的11%、青少年小说的11%和青少年非小说的2%。在成人小说领域，某些类别的电子书收入占比偏高，如爱情小说电子书收入占比高达60%，惊悚小说电子书收入占比达51%。出版商有声书的销售增长38%，至5.52亿美元。

（三）硬件选择和销售渠道发生新变化

传统出版商电子书销售收入出现小幅下滑，尼尔森一项对电子阅读设备的监测（Books & Consumers）统计显示，智能手机阅读有明显增长。通过智能手机下载的电子书数量从2014年的7.6%增至2015年的14.3%。平板电脑、电子阅读器及个人电脑的市场份额均被智能手机抢走。

2015年，网店销售仍是出版商最重要的分销渠道，市场占比高达37.4%，共8.06亿册图书通过网店销售出去。❶

---

❶ 渠竞帆，编译．年度国际出版趋势报告·美国分报告[EB/OL]．(2016-08-25)[2018-02-01]．http://mp.weixin.qq.com/s?__biz=MzA4NDA0ODk3Nw==&mid=2650344991&idx=3&sn=7ee196b3358cc0452a8735f2ec4a00b1&mpshare=1 &scene=1&srcid=1009x5a80PVRzZPWLFUIcsOL#rd．

（四）付费音频下载增长迅速

2016年6月美国出版商协会数据显示，付费下载音频销售额的增长趋势非常惊人，由2014年3.3%增至2016年上半年的5.0%。与2015年同期相比，付费下载音频的收入增长51.7%。付费音频业务成为2016年美国图书市场销售中的现象级产品，与2016年7月《华尔街日报》报道的有声书增长现象对应。

第三节　英国数字出版产业发展情况分析

一、图书出版市场格局较为稳定

英国出版市场主要包括大众图书市场、教育与培训类图书市场和学术与专业类图书市场。2014年，英国外语教材类图书市场比较低迷，总销售收入下降3.9%。其电子书出版规模同样也很小，约为4%。在英国教材类图书出口市场中，欧洲市场销售收入已从曾经的54%下降到了46%，西亚和东南亚地区均占19%，拉丁美洲地区则占15%。

教育类图书2014年总体销售情况有所好转：电子类和数字类教育图书国内销售总额和出口市场销售额同比增长1%（从2013年的2.91亿英镑增长至2.93亿英镑），其中出口税收同比增长7%，出口市场价格同比增长24%。

2010—2014年英国出版商分类销售数据见表2-2。

表2-2　2010—2014年英国出版商分类销售数据　　　　　　　（单位：亿英镑）

类别		2010年	2011年	2012年	2013年	2014年
大众图书	成人小说类	1.857	1.66	1.672	1.293	1.144
	成人非小说类	1.917	1.911	1.914	1.85	1.688
	儿童类	1.773	1.643	1.652	1.599	1.657
	合计	5.565	5.214	5.238	4.742	4.489

续表

类别	2010年	2011年	2012年	2013年	2014年
教育与培训类	1.379	1.319	1.313	1.324	1.161
学术与专业类	0.636	0.605	0.58	0.541	0.486
总计	7.562	7.139	7.132	6.608	6.137

2015年英国图书市场向纸质出版回归，企鹅兰登、阿歇特和哈珀·柯林斯三大出版商收入增长6.6%，达6.589亿英镑，与整个市场整体涨幅持平。

（一）三大出版社占据主导市场地位

企鹅兰登是拉动三大出版社增长的主要力量，2015年企鹅兰登销售收入增长8.9%，阿歇特增长了3.4%，哈珀·柯林斯增长了1.7%。企鹅兰登从两大对手手中抢走了市场份额，它在纸质书市场的占比高达24%，比2014年增长了0.6%。阿歇特的市场份额下滑0.2%~12.7%，而哈珀·柯林斯则增长0.1%~7.6%。这一增长得益于2014年收购禾林。如果除去禾林的收入，哈珀·柯林斯的市场占比将跌至7.2%（见表2-3）。

表2-3 2015年英国大众市场Top10榜单

排名	出版社	2015年52周营业收入（英镑）	增幅	2015年53周营业收入（英镑）	市场份额（%）
1	企鹅兰登	3.57亿	8.90%	3.63亿	24%
2	阿歇特	1.89亿	3.40%	1.92亿	12.70%
3	哈珀·柯林斯	1.13亿	1.70%	1.15亿	7.60%
4	独立出版商联盟	6293万	19.10%	6418万	4.20%
4	麦克米伦	5967万	13.50%	6127万	4%
5	牛津大学出版社	3698万	0.70%	3737万	2.50%
6	布鲁姆斯伯里	3652万	3%	3713万	2.40%
7	西蒙-舒斯特	3135万	3.90%	3188万	2.10%
8	培生教育	2548万	-5.90%	2574万	1.70%
9	Usborne	2128万	13%	2157万	1.40%
10	艾阁萌	2046万	-18.40%	2088万	1.40%

2015年出版之星是麦克米伦，作为中型社领军者，其2015年销售收入增长13.5%，在纸质书市场的份额达到有史以来最高值4%。

在2014年，前十大出版商中包括3大社在内有7家社的销售额出现下滑，2015年只有2家出现逆增长：培生教育受纸质教材市场影响销售下滑5.9%，艾阁萌因《我的世界》游戏攻略难以复制2014年辉煌，销售下滑18.6%。

牛津大学出版社超越布鲁姆斯伯里和西蒙-舒斯特，首次进入前五位。牛津社销售增长0.7%，主要是因为收购了Nelson Thornes公司。

榜单前20中最大变化是，亚马逊的自助出版公司CreateSpace挤入第20位。CreateSpace公司在2011年销售收入仅为9.4万英镑，2012—2014年，连续取得三位数增长，成为"高飞榜"（High Flyers）上一颗耀眼的明星。

邦尼（Bonnier）出版集团是Top 20里的新生力量，这不仅得益于收购Igloo Books，还有新推出的哈利·波特涂色书和YouTube网红阿尔菲·戴斯的作品带来了340万英镑收入，占该集团收入的24%。

剑桥大学出版社退至第24位，收入下滑2.3%，至740万英镑。与培生一样，剑桥大学社的学术类纸质书出版也遭遇市场困境，威利下滑2.2%，至1810万英镑，爱思唯尔下滑4.5%，至600万英镑，麦格劳-希尔下滑9%，至330万英镑。

（二）细分领域中出版社集中化趋势明显

童书领域，企鹅兰登和哈珀·柯林斯占据32.7%的市场份额，其余8家出版商共享36.8%的份额。Usborne是英国第三大童书出版商，2015年收入增长14.5%。麦克米伦作为第五大童书出版商，茱莉亚·唐纳森为该社带来了44%的收入。

小说领域，企鹅兰登占领着24%的市场份额，企鹅兰登与环球（Transworld）的总销售在小说收入中占比高达35.5%。哈珀·柯林斯是三大社中唯一没有一本成人小说销售过百万册的出版社。麦克米伦在小说领域增长最大，收入增长13.1%，市场份额达7.09%。霍德（Hodder）出版社收入增长11%，西蒙-舒斯特增长了1.6%。

非小说领域，企鹅兰登的销售收入增长33%，企鹅兰登增长了3.2%。哈珀·柯林斯增长了10%，霍德下滑0.8%。

二、英国数字出版产业发展情况分析

根据尼尔森统计，英国自助出版电子书在电子书市场占比已达22%。[1] 2014年英国出版商图书销售发货价格下降2%，跌至33.11亿英镑，纸质书销售量下降5%，整体销售额下降13%。但电子书销售势头良好，销售量增长11%。电子书销售总额也从2010年1.69亿英镑增长至2014年的5.63亿英镑，增长3倍以上（见表2-4和表2-5）。

表2-4　2012—2014年电子书销量　　　　　　　　　　（单位：册）

年份	2012年	2013年	2014年
电子书	57999	69599	75167

表2-5　2012—2014年出版物销售额　　　　　　　　　（单位：亿英镑）

年份	2012年	2013年	2014年
电子书	4.24	5.06	5.63
纸质出版物	30.39	28.8	27.48
总计	34.63	33.86	33.11

在销售价格方面，2014年电子出版行业销售（包括电子书、音频下载、在线订阅和其他数字图书销售）占图书销售总发货价格17%，2010年这个比例还仅仅是5%，2013年为15%。

国内市场方面，2014年英国出版商销售至国内数字图书发货价格增长13%，但国内市场纸质书整体销售价格下降7%，图书业销量整体下跌3%，出口销售整体下降1%，电子书上涨8%。出口市场方面，英国出版出口市场电子出版份额同期从13%上涨到14%。在英国苹果阅读星（iBooks）商店

---

[1] Tom Tivnan等.年度国际出版趋势报告·英国分报告[EB/OL].(2016-08-25)[2018-02-01]. http://mp.weixin.qq.com/s?__biz=MzA4NDA0ODk3Nw==&mid=2650344991&idx=4&sn=c67704b71cdbd25ff39aae18b8672b2e&mpshare=1&scene=1&srcid=10090HhkfNXyDhAGfBqu7VEx#rd.

发布的"2014年畅销榜单"中，阅读星平台的付费作品中销量最高的大多是被改编成电影的原著。《在线女孩》《可怕的姑妈》《长途》销量位于纸质书销售排行榜的前三位，然而这三本书电子书销售额仅占到整体销售额5%左右。其他非小说类表现也不佳。

在2014年《书商》畅销书排行榜中，前50名电子书共有40本，比2013年增加25本（见表2-6）。

表2-6　2014年《书商》畅销书排行榜中进入前50名的电子书

排名	书名	作者	纸质书销量（册）	销售量（英镑）
1	《星运里的错》	约翰·格林	871815	4593035
4	《消失的爱人》	吉利安·费林	529602	2994911
9	《长途》	杰夫·科尼	381842	2264667
10	《地狱》	丹·布朗	347701	1598434
11	《有件事我一直想告诉你》	琳达·贝灵汉	330625	3021530
12	《生生不息》	凯特·阿特金森	297898	1545413
13	《玛丽·贝瑞烹饪》	玛丽·贝瑞	267875	2877125
14	《金翅雀》	唐娜·塔特	267107	1680569
16	《分歧者》	维罗妮卡·罗斯	240623	1265305
17	《单身日记：为男孩儿着迷》	海伦·菲尔丁	240196	1199068

（一）小说类电子书销售收入增长明显

2014年，英国小说销售收入下降4.1%，数额为5.74亿英镑，但在数字出版这一领域销售收入上升5.5%，这一板块收入达到211万英镑。纸质书出版销售发货价格下降9.0%，相较2010年整体下降了33.6%。由于数字出版领域的上涨，5年内小说板块的销售额增长1.8%。

数字出版（包括电子书和有声读物下载）占2014年所有小说销售收入的37%，2013年这个比例是33%，2012年是26%。其中英国市场小说类电子书销售收入增长8.2%，纸质书销售额下降10.1%，国内市场小说销量整体下跌3.8%。小说出口销售额整体下降4.8%，其中纸质书市场下降了6.4%，电子书市场上升1.2%。

（二）儿童电子书销量上升，但总量仍略小

儿童电子书销量上升36%，但占总量的6%，共计2200万英镑营业收入。尼尔森调查显示，销售的儿童电子书一半是青年小说，超过60%的18岁以上用户购买这类图书。

研究显示，71%的家庭拥有平板电脑，33%的5~15岁的孩子拥有自己的平板电脑设备，但只有23%的儿童使用他们父母的设备来阅读电子书，84%的儿童主要使用平板电脑玩游戏。根据尼尔森图书与消费者调查，网络零售商亚马逊儿童图书市场份额从33%增加到36%。

（三）教育类数字出版物拉动细分领域市场表现

2014年，教育类数字出版物（包括电子书、在线订阅和其他数字产品）发货价格增长8%，占教育类出版物总发货价格的4%，略高于2013年表现。教育类图书增长主要体现在数字出版上，其总价值同比增长20%，达0.13亿英镑。2010—2014年，教育类图书的价格整体上升12%，其中数字类产品增长115%。教育类图书出口增势喜人，教育类出版物销售额增长7%，其中纸质类销售增长6%，数字出版尽管基数较低，但增幅超过300%。

（四）英语、培训类数字出版物销售增幅明显

2010—2014年，英语教学类图书整体销量下降了3%，纸质书销售税收收入下降5%，而数字销售翻了一番，总收入为0.11亿英镑。数字出版（包括电子书、在线订阅和其他数字图书销售）占培训类整体销售发货价格的4%，这个比例比往年略高。

培训类电子出版物销售税收收入占英国整体市场的8%，出口份额占整体市场的4%，两个比例都比2013年稍高。

（五）学术专业类数字出版物销售额连续4年增长

学术与专业类图书市场销售情况自2010年开始就呈现颓势。2014年，

学术和专业类图书的全球销售额从10.82亿英镑下降到10.74亿英镑，下降1%，同年纸质出版下降5%。然而，2014年数字出版物（包括电子书和在线订阅）仍取得不错成绩，其销售额占学术和专业类书整体销售额的24%，这一比例从2010年12%起稳步上升。从学术和专业领域分类来看销售情况，社会科学和文类销售量最高，整体增长1%，其中电子出版增长16%。科学、技术、医板块整体销售下跌4%，电子出版20%的增长并不足以抵消纸质出版9%的下降值。

2010—2014年，人文社科图书电子出版物销售几乎翻一番，增长至193万英镑，科技医药板块电子出版增长超过两倍，达到5900英镑。同时，科技医药类的纸质书销售额五年内下降22%，人文社科类下降10%。

第四节　法国数字出版产业发展情况分析

一、法国出版产业日益集中

法国《图书周刊》对法国197家营业额超过100万欧元的出版企业进行年度排名（注：这197家企业隶属于110家独立出版社或出版集团）。这个数量与2014年进入榜单的204家和2013年的222家相比有所减少，反映了法国出版力量日趋集中化的趋势。

该榜单中位于前10的出版企业营业额约50.28亿欧元，而法国出版企业总营业额（包括在法国本土和海外的总收入）是57亿欧元，市场占比高达87.5%。近些年来这一份额不断扩大，由2012年77.1%、2013年78.9%和2014年82.2%，上升到2015年87.5%。

阿歇特图书出版集团（Hachette Livre）和埃迪蒂斯出版集团（Editis）2015年分别实现10.1%和8.9%的大幅增长，稳居榜单前两名。在前十大出版集团中，法国达高动漫集团（Média-Participations）营业额小幅回落；法兰西休闲出版社（France Loisirs）由于经历大重组，营业额有明显下降；

Madrigall 出版社和 Lefebvre Sarrut 出版集团表现稳定；阿尔班·米歇尔出版社（Albin Michel）营业额增长 6.3%；南方文献出版社（Actes Sud）在 2015 年收获颇丰，增长高达 19.5%，首次跻身前 10 行列。不同于前十大出版机构的良好表现，相当一部分排名靠后的公司，并未从图书市场回暖中受益，2015 年营业额都出现明显下降。

二、图书对外贸易情况分析

法国图书业在瑞士、西班牙、美国和中国市场上交易更为频繁，但由于比利时、加拿大和德国的图书市场持续疲软，加之国际投资者在非洲的经济活动大幅削减，法国图书出口业务在 2015 年仍下降 1.7%，与国内图书市场增长 1.8% 形成鲜明对比。尽管法国海外省的图书销量涨幅达 3.9%，出口销售总额仍从 2014 年的 6.9208 亿欧元减至 6.7997 亿欧元。

法国在第一大图书出口国比利时出口图书市场占比下滑 2.5%~25.4%（2014 年下降 7.4%），在欧元和瑞士法郎汇率兑换平价的有利影响下，瑞士成为法国第二大出口国，2014 年和 2015 年销售收入分别增长 11.2% 和 8.9%，市场占比已达 17.7%。法国在第三大图书出口国加拿大的占比下滑 1.2%~11.3%（2014 年下降 4.4%）。受德国出版业不景气影响，法国出口德国的图书销售下滑高达 27.1%，德国因此也由第四大出口国后退到第五大出口国，落后于英国、意大利和荷兰。

法国图书出口美国增幅高达 17.7%，使美国由其第十大出口国跃升至第七位。法国图书在西班牙、卢森堡、波兰和土耳其的出口量均有较大幅度的增长。

法国图书出口东欧销售下滑 27.2%，俄罗斯作为该地区唯一有巨大购买力的国家，降幅更是高达 36.6%。虽然法国图书向墨西哥出口量增长 24.4%，但这仍无法阻挡巴西出口量下降 11.9% 和古巴下降 5.2% 导致的拉美市场整体下降 0.7% 态势。

法国图书向亚洲出口势头仍十分强劲。虽然向日本的出口量下降 2.5%，但向中国出口的涨幅却高达 46.8%，向韩国和新加坡出口也分别增长 17.4%

和20.5%。总体而言，法国图书面向法语地区与国家的出口力度在加大，法语地区与国家占法国出版业出口总量的74.2%，较2014年73.7%有所增加。❶

三、法国数字出版产业发展情况分析

（一）数字出版迅速发展，但出版市场份额仍较少

法国数字出版业的迅速发展，首先表现在所占市场的份额不断增加。以其中具有代表性的电子书为例，2014年法国电子书的销售增长45%，营业额达到1.35亿欧元，占整个法国出版市场的份额突破了5%；电子书的册数增长60%，全法国共有100万的电子书购买者。2014年电子书的读者较2013年增长3%，已占到法国总人口的18%。

但与美英等国家相比，法国数字出版业还存在一定差距。从数字出版占整个出版市场的份额来看，法国达到5%，而美国和英国分别为27%和15%。

1995—2015年，网上销售渠道从0%占到19%，与此相对的是传统渠道的销量下降，大型文化商店的销售量逐年上升，同样值得注意（见表2-7）。

表2-7 新上市图书销售渠道情况统计

销售点	1995年	2000年	2005年	2010年	2015年
书店（包括所有网络）	34.6%	31.3%	26.7%	23.4%	22.0%
大型书店	23.6%	20.8%	19.8%	18%	18.5%
图书与文具零售商、街头报亭等	11.0%	10.5%	6.9%	5.5%	3.5%
大型文化商店（如FNAC）	12.0%	17.2%	21.7%	22.3%	24.0%
超市与大型超市的图书部	15.8%	17.8%	20.7%	19.1%	19.5%
网上销售	0	0.9%	5.4%	13.1%	19.0%
上门销售、邮购（不包括网上销售）	29.6%	24.8%	17.0%	14.8%	12.0%
其他（降价活动、学校等）	8.0%	8.5%	8.0%	7.2%	3.5%

---

❶ Fabrice Piault. 年度国际出版趋势报告丨法国分报告[EB/OL]（2016-08-23）[2018-02-01]. http://mp.weixin.qq.com/s?__biz=MjM5MDAxNTAyNA==&mid=2650592634&idx=5&sn=3e72c34409c57b2de22823d1cb464363&mpshare=1&scene=1&srcid=1009SHngl71Q7ifaeELhSPSH#rd.

(二)影响数字出版产业发展因素较多

第一,文化传统方面,更倾向于纸质阅读,把电子书业务看作增值服务业。

第二,电子书定价机制和格式规制,一定程度上影响使用者热情。自2011年起,法国实施参照纸质书定价规则的电子书统一定价法案,规定在法国市场出版电子书实行单一零售价格,即电子书的销售商在不同的销售渠道(智能手机、网络、平板电脑等)都要按照法律维持出版者的统一定价。法国出版的电子书价格超过10欧元/本,而纸质书只需要3~4欧元/本,电子书价格平均高出纸质书6~7欧元/本。电子书价格昂贵,导致法国电子图书市场增长乏力。其次,法国数字出版发展的另外一个障碍是电子书所有者的格式禁止私人复制。

第三,盗版网站破坏数字出版良性市场环境。根据 Le Motif 2013 年一项调查(以各种普及版本图书、儿童书籍及漫画小说等畅销书作为调查对象),在被调查图书的电子书下载中,有高达27%下载来自国内及国外的盗版网站;总体来看,调查取样中35.3%的合法图书在合法平台上可以找到电子版本,与非法网站上的比例大致相同(36%)。[1]

第五节 其他国家数字出版产业发展情况分析

一、澳大利亚数字出版产业发展情况分析

(一)出版市场生态结构两极化

鉴于和英国的历史关系,澳大利亚出版业建立在英联邦的基础上,遵

---

[1] 胡新宇.法国数字出版发展现状[EB/OL](2016-10-18)[2018-02-01].http://ipubl.com/site/gjcb/szcb/info/2016/346.html.

守由此形成的属地版权法律。澳大利亚出版市场结构具有两极化特点：一方面，大型出版社多为国际出版集团设在澳大利亚的分社；另一方面，大量独立出版商占有本地市场的最大份额。科学论文很少在本地发表，作者大都向既定全球科学出版商投稿。

在澳大利亚，大部分大型出版商都属于英国或美国出版商分支机构。目前，7家主要的出版社控制着澳大利亚出版市场，他们分别是培生、企鹅兰登书屋、哈珀·柯林斯、阿歇特、斯科拉斯蒂克和麦克米伦等英美出版商在澳大利亚的分支机构以及艾伦-昂温（Allen & Unwin，澳大利亚最大的本土独立出版商）。

澳大利亚还拥有一批有活力的小型出版商，像辛克勒图书公司（Hinkler Books）、孤独星球（Lonely Planet）、默多克图书公司（Murdoch Books）、奇幻出版公司（Fantastic Publishing）、五英里出版社（The Five Mile Press）、哈迪·格朗特（Hardie Grant）、ABC图书公司、黑狗图书公司（Black Dog Books）、布莱克有限公司（Black Inc.，获得"2007年度小型出版商奖"）。他们不仅活跃在澳大利亚本土市场，在出口业务上也颇有成就。总体而言，本土出版商仅占澳大利亚零售市场份额的一半左右。

英美大型出版商在澳大利亚占统治地位，澳大利亚本土出版商则把重点放在国内的细分图书市场上。一般而言，大型出版公司在出版本土作者作品方面具有优势，但他们同时也引进大量的国外特别是英美国家的图书。多数小型出版企业则需要开发与满足专业化特殊市场需求，包括教育类图书、DIY图书、烹饪图书、旅游类图书等。

（二）澳大利亚出版市场出现复苏迹象

在经过几年的销售下滑之后，澳大利亚零售图书市场出现复苏迹象，2014年图书销售量和交易额分别增加72.3%和2.0%，这种上升势头很大程度上得益于澳大利亚一个特有畅销儿童图书品牌的成功出版发行。本土作家安迪·格里菲斯和特里·丹顿著的"树屋"（Treehouse）系列出自澳大利亚本土出版社Pan，2014年7月至2015年6月销量惊人，达5.65万册。

根据尼尔森图书调查公司数据，澳大利亚2014年零售图书市场总营业额和销售量分别为9.37亿澳元和55.4万套（册），略高于2013年的9.17澳元和54.1套（册），但仍然远低于2010年13亿澳元的峰值。在零售领域，独立书店仍然是澳大利亚图书销售业的重要组成部分，占传统实体图书销售量的1/3，和连锁商店、营业额大的百货商店及折扣店不相上下。

2014年出版100多种新书的公司有24家，低于2013年的33家。在中等规模中，94家出版商推出20~99种新版图书，81家出版的新书在11至20种之间。而只推出1种新版图书的出版商有2290家，其中许多有可能是自助出版者（见图2-3）。

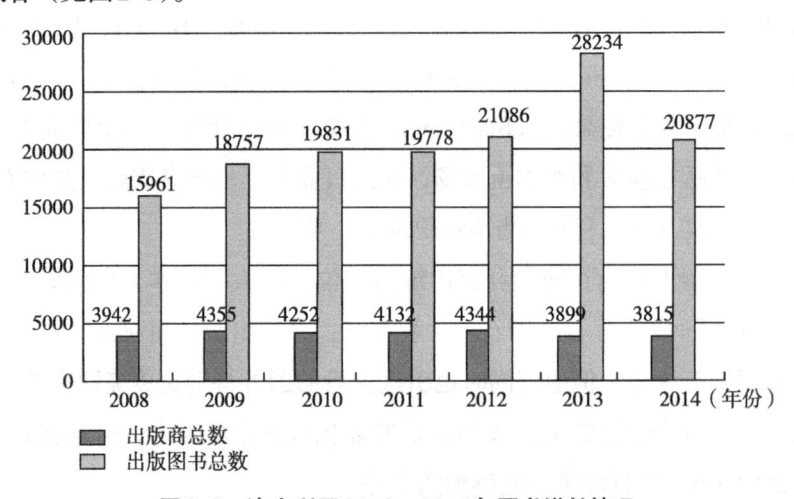

图2-3 澳大利亚2008—2014年图书增长情况

纸版图书继续占据市场主导地位。在过去5年数量逐渐下降后，平装图书市场份额从2013年的51%增加到2014年的54%。电子书同期却有所下降，从2013年的29%市场份额跌至2014的20%。2013年出现峰值是因为当时许多出版商开始发布库存书籍目录电子版图书（见图2-4）。

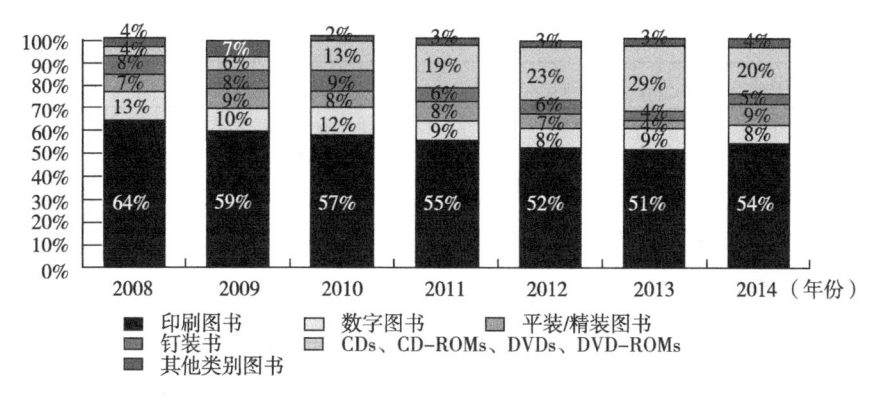

图2-4 2008—2014年图书类别变化情况

根据尼尔森图书调查公司的统计,在澳大利亚读者2014年购买的图书中,非虚构类、虚构类和儿童读物分别占44%、24%和31%。

(三)澳大利亚版权交易恢复活力

澳大利亚图书2015年在英国版权迅速恢复活力,在英国收入和交易数量排名中名列第一。从美国、德国和中国统计图表可以看到,澳大利亚也是名列前茅,而西班牙、荷兰、挪威和土耳其则是新的竞争对手。超过一半的版权交易(51%)在英语以外的其他语言市场成交,高于2014年的42%(见表2-8)。

表2-8 澳大利亚2015年版权交易Top 10

序号	收入	序号	交易量
1	美国	1	英国
2	德国	2	美国
3	美国	3	中国
4	法国	4	德国
5	中国	5	韩国
6	西班牙	6	法国
7	韩国	7	土耳其
8	荷兰	8	西班牙
9	波兰	9	波兰

续表

序号	收入	序号	交易量
10	挪威（一）	10	荷兰（一）

在国际版权销售中，表现最好的为成人小说、儿童和青少年读物、犯罪小说及商业书籍。成人小说，特别是文学小说，在销量下降的图书类别中显得格外突出（见表2-9、表2-10）。

表2-9　畅销图书排名榜（虚构类）

书名	作者	出版社	定价（澳元）	销售量（万册）
The Narrow Roed to the Deeo Norih	Richard Flnagan	Vintage	19.99	17.3
The Great Zoo of China	Matthew Reilly	Macmillan	39.99	12.4
The Rosie Effect	Graerre Simsion	Texl Publshing	29.99	8.9
The Road Back	Di Morrissey	Macmillan	35	7.5
The Rosie Project	Graeme Simaion	Texl Publshing	29.99	7.1
The Husband's Secret	Liane Moriarty	Pan	14.99	5.4
Hollo from the Giilespies	Monica Mclnemey	Michael Joseph	29.99	5.3
Big little Lies	Liane Moriarty	Macmillan	32.99	4
Lost&Found	Brooke Davis	Hachelle	26.99	3.9
Eyrie	Tirn Winton	Penguin	22.99	3.7

表2-10　畅销图书排名榜（非虚构类）

书名	作者	出版社	定价（澳元）	销售量（万册）
Family Food	Peie Evans	Plum	39.99	12.2
Gallpoi	Peier Fitz Simons	Willam Heinemsnn	49.99	7.8
My Story	Julia Gillard	Knopf	49.99	6.7
I Quit Sugar for Life	Sarah Wlson	Macmillan	34.99	5.3
The New Easy	Donna Hay	HarperCollins	49.99	4.9
The Never.Um.Evbr ndng Story	Ian Molly Meldrum	Allen&Unwin	39.99	4.5
Healthy Every Day	Pete Evans	Pium	39.99	4.4

续表

书名	作者	出版社	定价（澳元）	销售量（万册）
Going Paieo	Peie Eersba T Gedgdm	Pium	39.99	4.4
I Quit Sugar	Sanah Wisoo	Macmillan	34.99	4
That Sugar Book	Damon Gameau	Macmillan	34.99	3.6

参加法兰克福书展是澳大利亚版权经理和文稿代理人最喜欢进入世界版权市场的方式，其次是伦敦书展。2015年，意大利博洛尼亚书展和中国的台北书展声名鹊起。澳大利亚议会"访问国际出版商项目"和"寻稿人"（literary scouts）也很受欢迎。但遗憾的是北京国际图书博览会在澳大利亚出版商看来代表性不强。

（四）澳大利亚政府力图打破全球化市场壁垒

澳大利亚政府开始重视国际交流，计划终止图书的平行进口保护法（PIRs），让澳大利亚书业加入全球经济竞争。该法规从20世纪90年代初期记入《澳大利亚版权法》，现行的法规授予澳大利亚的出版机构30天时间获取海外出版物在澳大利亚的出版权，期间禁止出版社进口图书在澳大利亚国内出售。

从2016年4月开始，随着澳大利亚政府经济顾问部生产力委员起草的修订澳大利亚知识产权的报告提出废除PIRs后，针对该计划的争论就不绝于耳。包括澳大利亚出版社、书商、作家协会、版权机构和印刷团体在内的出版主体都联合起来，游说政府反对通过该议案，也反对将美国式使用规定加入澳大利亚版权法中。

（五）澳大利亚数字出版市场开拓情况分析

1.电子书销量进入平稳期

据阿歇特（澳大利亚）分析师评估，在大型大众出版社中，电子书收入在17%~20%之间。在亚马逊和苹果等平台推动下，澳大利亚实现实体零售向网络零售的转变。澳洲大商业信用调查公司预言，2015—2016年度，19.6%的购物交易通过在线零售平台实现。

教育出版社将自己定位成服务供应商，力求按学校和大学的年级或学科来设计在线学习平台。但教育机构对此态度不一，实力雄厚的教育机构希望能参与在线学习平台的核心工作，普通教育机构积极争取与教育出版社合作。

据估算，电子书销量约占市场的20%。普遍观点认为，现今电子书的销量已经进入相对稳定的阶段。尤其是麦克米伦旗下数字部门Momentum在2016年年初缩减其业务规模，重新返回出版市场的行为也体现这一观点。在过去几年，澳大利亚最大的两家有声书供应商Bolinda和Audible虽然起步基础不强，但分别实现3倍和4倍的收入增长。

2.类型小说家自出版电子书较为活跃

在通过自出版推出纸质书和电子书的作家中，类型小说作家最为活跃，占30%，特别是自出版电子书。作家大多偏爱自出版而不会选择图书出版服务公司，因为他们希望自己掌握全部的出版流程。[1]

二、德国数字出版市场发展情况分析

（一）实体书店依然是主要销售渠道

2015年，实体书店依然是德国图书市场最主要的销售渠道，全年实现销售额44.3亿欧元，同2014年相比下降3.4%，该渠道所占市场份额下降至48.2%（2014年为49.2%）。在线销售渠道2015年的销售额上涨6%，为16亿欧元，其市场份额占整个市场的17.4%（2014年为16.2%）。实体书店的网店销售额被计入在线销售渠道中，而非实体书店渠道。

受到Weltbld破产倒闭和贝塔斯曼书友会解体等事件影响，传统邮寄渠道延续2014年下降趋势，2015年再次下降26.4%，销售额为1.18亿欧元，图书市场占比仅为1.3%。2015年出版社直销渠道增长0.8%，销售额共计19.2亿欧元，所占市场份额为20.9%。

---

[1] 简·兹娃，等.年度国际出版趋势报告丨澳大利亚分报告[EB/OL].(2016-08-27)[2018-02-01]. http://mp.weixin.qq.com/s?__biz=MjM5MDAxNTAyNA==&mid=2650592874&idx=3&sn=9a31c05fdb08545b282822f5f64a6958&mps hare=1&scene=1&srcid=100967mGuNvtol0ZbuS5g9cV#rd.

（二）德国版权输出高增长

德国的版权输出贸易2015年继续增长，总计输出版权7521种，比2014年增加1078种（增幅达16.7%）。其中少儿类图书占比超过1/3，达2677种，文学类图书占比16.4%，输出1236种。

版权输出高增长得益于中国和德国之间顺畅的版权贸易。德国售出中文版权品种在2014年为983种，2015年为1514种，增幅达54%。第二大输出语种是英语，增长124~574种。第三位是西班牙语，为439种（2014年426种）。❶

（三）德国电子书市场缓慢发展

德国出版业呈波动式前进，2005年和2014年的出版种数成了这一波动图的两个低点。2014年德国电子书市场继续发展，占整个出版市场销售额的4.3%，2013年为3.9%。2014年共出售电子书2480万册，比2013年的2150万册增长330万册。缓慢发展而非过快增长是德国电子书市场的明显特征。❷

1.读者对电子书兴趣升温

电子书销售额在德国图书市场（大众出版）占比一直在个位数区间缓慢上升，但读者对电子书兴趣在温和增长。2015年德国读者购买电子书的数量增长9%，但因为电子书平均售价下降0.26~6.82欧元，所以销售额实际增长为4.7%。这意味着电子书平均售价有所降低。

2015年电子书占整个德国图书市场销售额4.5%。电子书消费者的购书频率有所增加，从2014年每人平均6.4本上升为2015年7本。电子书消费者数量与2014年相比没有变化，仍在390万人左右。

文学类图书在电子书消费领域最受欢迎，文学书占整个电子书市场比例从2013年的83%，到2014年的84%，2015年升至86%。电子书领域，女性购书者占比越来越高，从2011年的48%上升至2015年的63%，高于图书

---

❶ 年度国际出版趋势报告·德国分报告[EB/OL]（2016-08-23）[2018-02-01].tp://mp.weixin.qq.com / s? __biz=MzI5MjMwMTY4NQ== &mid=2247484308&idx=1&sn=d18497bcf30f6e608071315018bac-cf8&mpshare=1&scene=1&sr cid=10095fLFtdzLuRr8ts78ExSp#rd.

❷ 范军.国际出版业发展报告(2015)[M].北京：中国书籍出版社,2016：113.

市场女性消费者占比5%。

2.电子书阅读器持有者数量上升

电子书阅读器持有者数量在2016年由591万上升至687万,将近700万电子书阅读器持有者中付费下载人群达576万。190万德国人通过付费下载购买5本及5本以上电子书(AWA2015：170万),154万人会购买4本以下的电子书(AWA2015：137万),233万人会购买1~2本电子书(AWA2015：212万)。❶

3.自助出版青睐电子书

2016年7月28日,德国"自助出版商圣经"创始人、自助出版行业信息专家马蒂亚斯·马廷发布最新德国自助出版情况调查报告。66.79%的受访者表示自己经常选择通过电子书出版作品,经常选择平装书出版的受访者占48.69%,有声书、App是受访者最不常选用的出版方式,仅有0.75%和0.37%的受访者选用过这两种出版方式(见图2-5)。

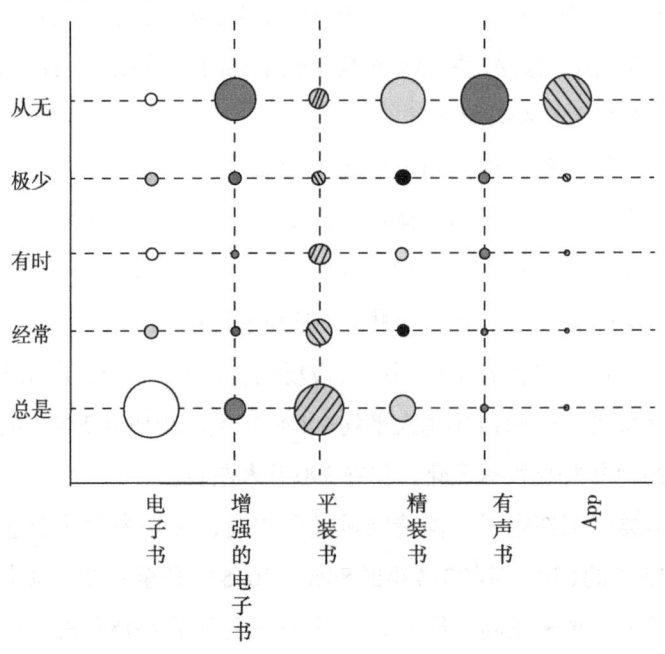

图2-5 以何种形式自助出版以及频次调查数据

❶ 年度国际出版趋势报告·德国分报告[EB/OL](2016-08-23)[2018-02-01].http://mp.weixin.qq.com / s? __biz=MzI5MjMwMTY4NQ== &mid=2247484308&idx=1&sn=d18497bcf30f6e608071315018bac-cf8&mpshare=1&scene=1&sr cid=10095fLFtdzLuRr8ts78ExSp#rd.

30.21%的受访者表示从亚马逊获得收入，其次是Andere，有1.62%受访者曾在Andere上获得收入。受访者们都表示，很难从Kobo、Google、iTunes等销售方式获得收入（见图2-6）。

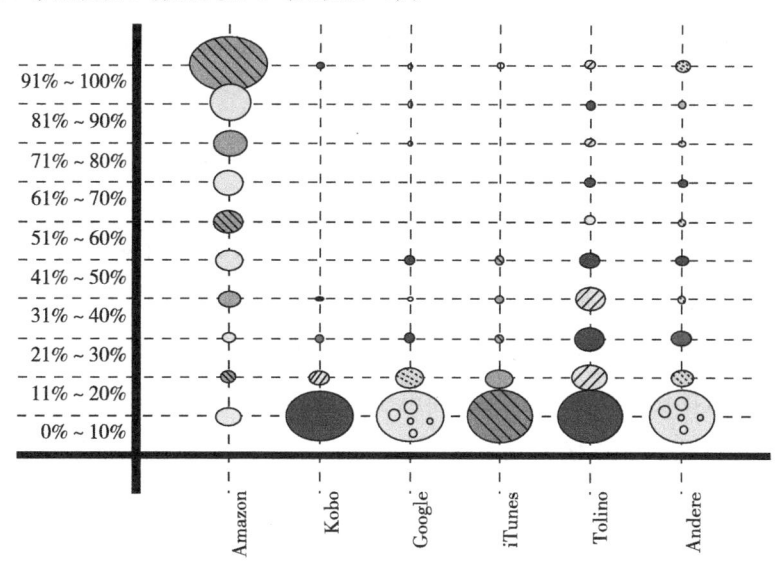

图2-6 以何种方式获得收入及其频次调查数据

三、日本数字出版产业发展情况分析

（一）日本数字出版产业呈上升趋势

日本数字出版产业一直呈上升趋势。数字图书定义在日本出版界存有分歧，有两种意见。一种认为，数字出版指文字类，杂志、漫画、写真集等其他相关的应用软件不应该算在数字出版范畴内。另一种认为，以上内容都应该涵盖。和纸质的图书、杂志不同，在日本数字出版销售额一般表示为"市场规模推定"。按照广义定义，日本2014年数字出版市场规模推定为1266亿日元，2015年上升到1600亿日元。

根据日本MMD研究所（Mobile Marketing Data）2016年2~3月调查，日本人通过手机进行数字阅读占33.7%，而使用Kindle进行数字阅读只占

9.3%，这些使用者当中只看免费内容的占22.9%。怎样增加读者数量将是扩大数字出版市场的一个关键。

预计到2020年东京奥运会时，日本数字出版的市场规模将达到3400亿日元。可以预见数字出版的发展对扭转日本出版业不景气状况将起到很大作用。❶

（二）电子漫画书发展成良好态势

在不同类别中，电子漫画书的发展呈良好态势，免费漫画杂志APP的普及，加之电子书店提供电子漫画书的免费连载，促进了电子漫画的购买。2014年度漫画类电子书的销量由上一年度的293亿日元增加至1024亿日元，占电子书市场份额的81%。文字类电子书（文艺、实用书、写真集等）的销量由上一年度的37亿日元增加至242亿日元，占电子书市场份额的19%。文字类电子书的数量增长迅速，特别是日本经济产业省开始推行"内容紧急电子化事业"（简称"紧急数字"），加速了专业书籍以及学术书籍的电子化进程。

（三）加强数字版权保护强度

加强数字版权保护是产业健康发展的重要课题。2014年3月14日，日本参议院全体会议表决通过了《著作权法修正案》，并于2015年1月正式生效。新修订法案的实施，使出版社的作品出版权的维权范围由原来的只适用于纸质出版物扩大至数字出版物，从法律层面有效地增强了数字版权的保护效用。《著作权法修正案》规定，出版社可以与作者等著作权人签订数字出版权合同，对于网络盗版、违法复制等违法电子出版物的流通，有权代替著作权人本人要求停止相关侵权行为，出版社同时必须在合同签订后6个月内承担出版数字出版物的义务。

---

❶ 盛力.年度国际出版趋势｜日本分报告［EB/OL］(2016-08-30)［2018-02-01］.http://mp.weixin.qq.com/s?__biz=MjM5MDAxNTAyNA==&mid=2650592900&idx=4&sn=98bb63c80b8f710eb5e49d89abe7d418&mpshare=1&scene=1&srcid=1009edkkuTW7qhgKWwlV5Heb#rd.

（四）网络书店竞争格局

日本主要网络书店包括亚马逊日本、乐天书店、茑屋网络书店、七网络书店（SENVEN）、骏河屋等。亚马逊2000年进入日本时主要通过代销公司大阪屋批发出版物，2012年起更改为日本出版贩卖为主要代销公司。2014年11月5日起亚马逊与静冈县的24小时商店罗森199家店铺合作。乐天书店2014年12月22日面向18～24岁的大学或专科学校的学生推出会员服务"青年乐天"。[1]

四、韩国数字出版产业发展情况分析

（一）"SELF"时代影响图书市场产品供给类型

据韩国统计厅"2015年人口住宅总调查"结果显示，目前在韩国，"1人家庭"占据总家庭数27.2%，而这一数据不仅衍生出"独酒族""独饭族"等新词汇和新生活方式，还刺激以这些人为读者对象的图书策划。不久前《纽约时报》选定的"2016年最佳图书"中，荣获"国际布克奖"的《素食主义者》也名列其中，其在2016年极大地刺激了韩国原创文学出版。韩国电商"YES24"相关人员用"SELF——自谋其生时代"来概括2016年韩国出版业。

（二）电子书文学类偏好强，女性读者比例高

在电子书方面，类型文学占56.2%，比2015年增加了6.9%；漫画占19.7%，比去年增加了0.6%。在手机阅读中，市场占有率最高的是初高中教辅，为14.4%，比去年下降了0.4%；小学教辅和童书各占8.7%和8.5%，虽然占比不高，但销量排名分别为第二位和第三位；韩国文学占比为6.4%，比去年增加了1%。

在电子书方面，女性读者占70.7%，比去年上升2.1%，是男性读者的2

---

[1] 范军.国际出版业发展报告（2015）[M].北京：中国书籍出版社，2016：161-167.

倍以上。其中，排第一的30岁年龄段女性占26.3%，30岁年龄段的男女读者总占比为36.4%，比2015年小幅上升。40岁年龄段的读者占比为29%，比去年下降2.8%。10岁和20岁年龄段各下降0.1%，50岁、60岁年龄段占比有了小幅上升。

在手机阅读方面，女性在总体阅读市场中占据了29.3%，40岁年龄段的读者比去年增加3%，达到了40.2%。紧随其后的是30岁年龄段女性（25.6%）、20岁年龄段女性（10.9%）和40岁年龄段男性（10.9%）。❶

---

❶ 2016年韩国出版的12个关键词［EB/OL］(2016-12-15)［2018-02-01］.http://mp.weixin.qq.com/s?__biz=MzAxNzAxNDcxMg== &mid=2650932896&idx=2&sn=1128f22731facd7ca8465f2e741d362e&chksm=801aac77b76d2561701256 5263d6ec4a59d1c32b3197c960bee2d32f0239e4d0c4f6ab5e8d5b&mpshare=1&scene=23&srcid=1215yJwJ uf0BCbuiw1Dw2R4u#rd.

第三章　典型跨国企业全球化路径分析
——以中国市场开拓为例

以2016年全球出版50强报告数据作为参照，结合专业、教育和大众三种市场类型，我们根据全球出版50强总体统计数据和近3年企业年报的反馈数据，按照销售量和业务能力在各市场类型分别选取1家代表性企业。可以说，数字化和全球化战略举措是众多数字出版企业的并轨发展战略。

自20世纪90年代开始，国际出版巨头开启了进入中国市场的进程。1994年，丹麦艾阁萌出版集团与人民邮电出版社合资成立了中国第一家中外合资的出版企业—童趣出版有限公司，此后贝塔斯曼传媒集团、剑桥大学出版社、圣智学习出版集团、培生教育集团以及麦格劳-希尔教育出版公司等跨国出版传媒集团纷纷涌入中国。尤其是在中国加入WTO后，海外出版商掀起中国市场热潮。据不完全统计，目前在中国的海外出版商数量超过40家。以代表处、外商独资公司或中外合资公司的形式在中国开展业务，其模式有版权代理、原版书销售、合作出版、数据库业务以及信息服务等。

据2015年《出版人》调查统计，目前在中国开展业务的海外专业出版机构有14家，包括全球顶级的专业出版商，如励讯集团（前身为励德·爱思唯尔集团）、威科集团、施普林格出版集团、泰勒·弗朗西斯出版集团以及约翰·威利出版集团等。近几年掌控某一行业领域最高标准的学术出版机构也相继进入中国，如英国物理学会所属的英国物理学会出版社、美国化学会所属的美国化学文摘社（Chemical Abstracts Service）等。

教育出版也是海外出版巨头们的兵家必争之地。从1998年开始，剑桥大学出版社、培生教育集团、圣智学习出版集团、麦格劳-希尔教育出版公司、牛津大学出版社以及麦克米伦等纷纷以开设代表处或外资独资企业的形式进入中国。他们在中国市场主攻两个领域：一是教材出版，二是ELT（英语语言教学）出版。教材包括大学教材和中小学教材，其中大学教材市场的竞争尤为激烈。培生教育借助"驻校代表"开拓渠道，自2003年起引进到中国市场的高校教材中，仅计算机教材就近300种。圣智学习出版集团则在引进和开发大学教材以及教学平台的同时，投入巨资推广圣智盖尔数字图书馆，为大学和大学图书馆提供数字内容服务，❶见表3-1。

表3-1 国际出版企业进入中国情况（综合整理）

序号	出版集团	类型	进入中国时间	方式
1	贝塔斯曼传媒集团	大众	1995—2008年/2008年后	图书批发/投资公司、数字媒体、企鹅兰登书屋
2	阿歇特集团	大众	2010年	合资：凤凰阿歇特文化发展（北京）有限公司
3	麦克米伦出版集团	少儿/大众	2011年	合资：与二十一世纪出版社合资成立"麦克米伦世纪"
4	励讯集团（前身励德·爱思唯尔集团）	专业	2001年	数字化平台ScienceDirect，办事机构设在北京、上海、广州、郑州、成都，2008年爱思唯尔旗下科学刊物《柳叶刀》首次为中国出版专辑
5	威科集团	专业	2000年	2000年以来的分支机构、CCH、医疗健康平台Ovid、2006年CCH公司在中国注册的商律（北京）图书销售有限公司威科集团进入中国前专门成立了名为China Task Force的特别项目组，历时10个月研究中国经济形势，分析中国商业机遇。目前威科的产品和服务领域逐步从法律扩展到医疗、财税、金融的产品和信息服务领域
6	施普林格出版集团	专业	2005年	数字化平台SpringerLink，施普林格北京代表处成立
7	泰勒·弗朗西斯出版集团	专业	2004年	T&F在北京设立了办事处，1979年亚太区公司在新加坡、吉隆坡、首尔、北京、香港、台北均设有办事处

❶ 杨贵山.20年,40家:海外出版商的在华"版图"[EB/OL](2015-08-24)[2018-02-01].http://mp.weixin.qq.com/s?__biz=MjM5OTU5MDYyMw==&mid=207920619&idx=1&sn=feb4d19db47f6e8e89172b078eceae00&scene=21#w echat_redirect.

续表

序号	出版集团	类型	进入中国时间	方式
8	约翰·威利出版集团	专业	2001年	新加坡约翰·威利股份有限公司北京代表处成立
9	英国物理学会所属的英国物理学会出版社	专业	2000年	北京代表处成立
10	美国化学会所属的美国化学文摘社	专业	2013年	美国化学会分支机构北京代表处成立，数据库访问工具SciFinder，全球化学信息及相关解决方案
11	培生教育集团	教育	1999年	北京代表处成立，"驻校代表"，培生自2008年起还相继斥巨资并购了北京戴尔国际英语学校、华尔街英语和中国企业环球教育
12	剑桥大学出版社	教育	1998年	北京办事处成立，2015年剑桥大学出版社亚洲总部迁至北京
13	圣智学习出版集团	教育	1999年	（前身为汤姆森学习集团）北京代表处成立，圣智盖尔数字图书馆
14	麦格劳-希尔教育出版公司	教育	1999年	在中国设立代表处
15	牛津大学出版社	教育	2002年	牛津大学出版社教育分部落地上海、2006年学术分部在北京落地
16	企鹅兰登书屋	大众	2005年	企鹅（北京）文化发展有限公司成立
17	日本白杨社	少儿	2004年	在北京成立蒲蒲兰文化发展有限公司
18	法国打开版代理公司	版权代理	2009年	在北京成立
19	西蒙-舒斯特	大众	1995年	创办北京办事处，2013年与译林出版社合作中文图书电子版中国境外发行
20	汤森路透	专业	2002年	汤森路透法律信息集团正式在中国设立办事机构

第一节 专业出版市场代表性案例分析

一、励讯集团基本概况分析

励讯（RELX）集团在2016年全球出版企业排行中，因为2015年收入

5209百万美元，排名第3位。该集团是世界领先的专业信息服务解决方案的提供商，主要立足于专业出版市场，在科技、法律、医疗和保险领域与客户建立广泛的业务联系。通过全球平台利用内容和数据分析技术，提供创新性解决方案。

励讯集团官网数据显示，该集团覆盖180多个国家和区域，在大约40个国家设有办事处。它雇用了大约3万人，其中有一半人员是在北美地区。该集团主要在四个细分市场提供产品与服务——科学、技术和医学，风险和业务分析，法律，展览。RELX PLC伦敦上市控股公司拥有RELX集团52.9%的股权。RELX NV阿姆斯特丹上市控股公司拥有RELX集团47.1%的股权。从官网中提供的业务范畴来看，STM和展览提供全球市场服务，而法律业务咨询主要面向非美国本土市场。根据市场部门2015年度经营数据反馈，STM收入约为2070百万英镑，风险和业务分析收入为1601百万英镑，法律收入为1443百万英镑，展览收入为857百万英镑。其中，STM业务在总收入份额中占据近35%（见图3-1）。

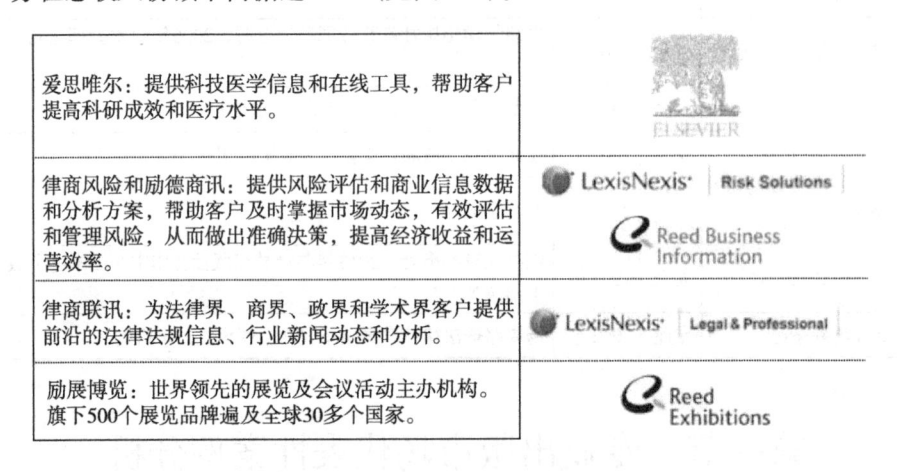

爱思唯尔：提供科技医学信息和在线工具，帮助客户提高科研成效和医疗水平。	ELSEVIER
律商风险和励德商讯：提供风险评估和商业信息数据和分析方案，帮助客户及时掌握市场动态，有效评估和管理风险，从而做出准确决策，提高经济收益和运营效率。	LexisNexis® Risk Solutions / Reed Business Information
律商联讯：为法律界、商界、政界和学术界客户提供前沿的法律法规信息、行业新闻动态和分析。	LexisNexis® Legal & Professional
励展博览：世界领先的展览及会议活动主办机构。旗下500个展览品牌遍及全球30多个国家。	Reed Exhibitions

图3-1 励讯集团四大细分市场

（一）STM产品线构成

在集团官网中，STM出版业务中包含26种产品与服务。具体内容见表3-2。

表3-2 励讯集团STM产品线

序号	STM产品服务
1	《细胞》期刊（Cell）*
2	全医学平台（ClinicalKey）
3	爱思唯尔临床技能（Elsevier Clinical Skills）
4	爱思唯尔医学护理学习管理系统（Elsevier Performance Manager）
5	爱思唯尔研究情报（Elsevier Research Intelligence）
6	荷兰医学文摘（Embase）
7	工程、应用科学领域文献检索平台（Engineering village）
8	进化——在线医疗学习数据服务（Evolve）
9	地理科学地图（Geofacets）
10	格雷氏解剖学（Gray's Anatomy）
11	医疗护理学习测试系统（HESI）
12	爱思唯尔3D虚拟现实交互服务（Interact Elsevier）
13	基于云计算的在线参考工具数据库（Knovel）
14	柳叶刀（The Lancet）
15	医学英语（The Language of Medicine）
16	内特丛书（Netter）
17	病人接触方案（Patient Engagement）
18	药物安全信息数据（pharmapendium）
19	全文管理软件（QUOSA）
20	化学资料库（Reaxys）
21	全文数据库（ScienceDirect）
22	斯高帕斯文摘和引文数据库（Scopus）
23	电子医疗记录模拟图（Sim Chart）
24	四面体快报（Tetrahedron Letters）
25	生物通路可视化软件服务（Pathway Studio）
26	护理健康职业教育电子书（Pageburst）

*连续35年顶级国际研究人员依靠《细胞》发表高影响因子论文，已经形成了当代生命科学研究的基础。

（数据来源：根据官网整理）

整合STM产品线过程中，我们发现励讯集团STM产品呈现以下四个特点：第一，打造高影响因子学科期刊数字化产品，在专业与学术出版领域占据学科话语权；第二，累积垂直度较高的专业文献数据库，并根据差异需求建立分包型数据库；第三，3D虚拟现实和地理可视化解读交互服务；第四，针对机构用户和专业性订户提供学习测试等增值服务。

（二）收益模式分析

2015年7月1日，励德·爱思唯尔PLC和励德·爱思唯尔公司分别更名为RELX PLC和RELX NV。2015年年报中，执行负责人对2015年经营情况进行了总结和梳理。励讯集团的发展策略并没有发生改变，通过专注发展当下的业务构成和质量收益，试图营造更加合理的资产组合和地理平衡状态；从纸质格式中逐渐退出，并且退出存在结构性挑战的市场领域，通过产品改进提升现金生成能力。

2015年，其业务领域进步主要表现在产品与服务格式方面，首选的是数字化和面对面的形式，收入占总数85%左右，并呈个位数增长。在此基础上，不断提升和创造日益复杂的信息分析和解决方案工具见图3-2。

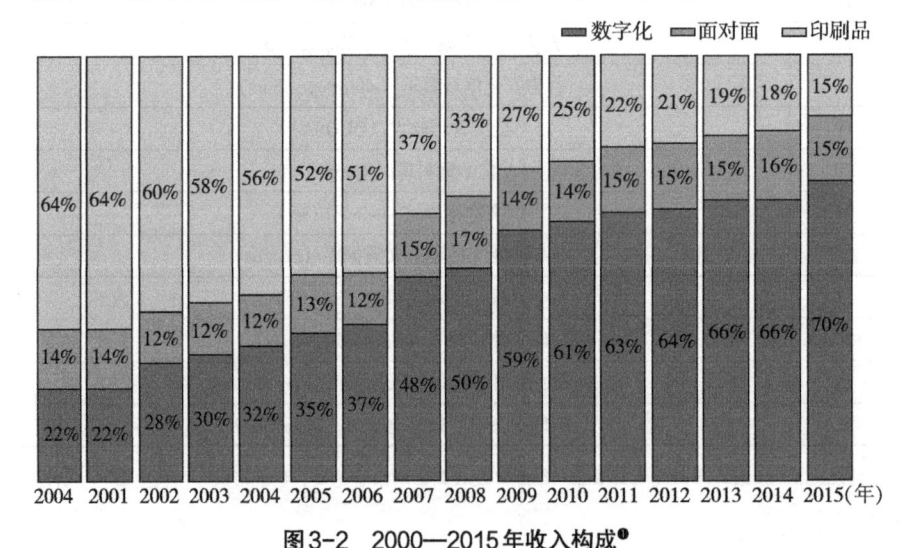

图3-2　2000—2015年收入构成[1]

---

[1] 励讯集团2015年年报[EB/OL]（2015-12-01）[2018-02-01].http://www.relx.com/investorcentre/reports%202007/Documents/2015/relxgroup_ar_2015.pdf.

积极的财务业绩表现持续整个2015年,潜在的收入增长了3%。关键业务主要集中在科学、技术和医学业务领域,使用黏性和数据库增长表现突出。在电子数据库工具和参考服务方面仍有较大发展空间。

根据2015年年报,励讯集团收入构成中,电子产品占据70%的市场份额,面对面收益占据15%的比例,而纸质版本和其他产品类型占到15%。地理市场区隔分布情况:北美地区占据54%,欧洲地区占据26%,世界其他地区占据20%。在收益组成中,订阅类占比52%,交易事务型占比46%,广告占比2%见图3-3。

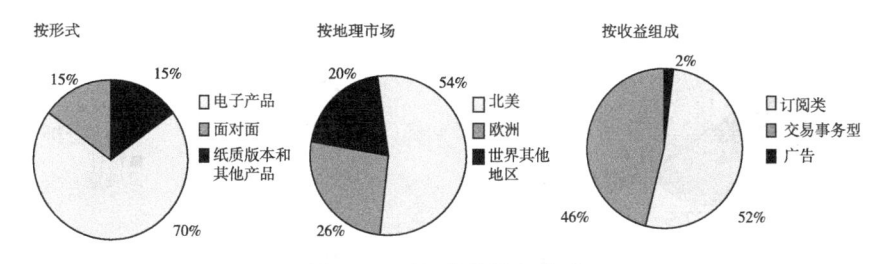

图3-3 励讯集团收入构成

根据公式计算N年数据的增长率=$[(本期/前n年)^{1/(n-1)}-1]\times 100\%$,得出从2000年至2015年,电子产品收益年均增长率为8.02%。

根据公式计算N年电子产品与纸质产品比例的增长率,得出从2000年至2015年,电子产品与纸质产品比例增长率为18.99%。这一数值,在一定程度上表现出了励讯集团产品数字转化率和产品布局趋势。而2007年,是励讯集团电子产品与纸质产品比值开始大幅增长的转折之年(见图3-4)。

根据2015年年报,净利润构成中,STM市场占比42%,风险与商业分析占比31%,法律占比15%,展览占比12%(见图3-5)。

2015年财务业绩,每股收益增长了8%,表现了强劲的现金生成能力,投资回报率为12.7%(见图3-6)。

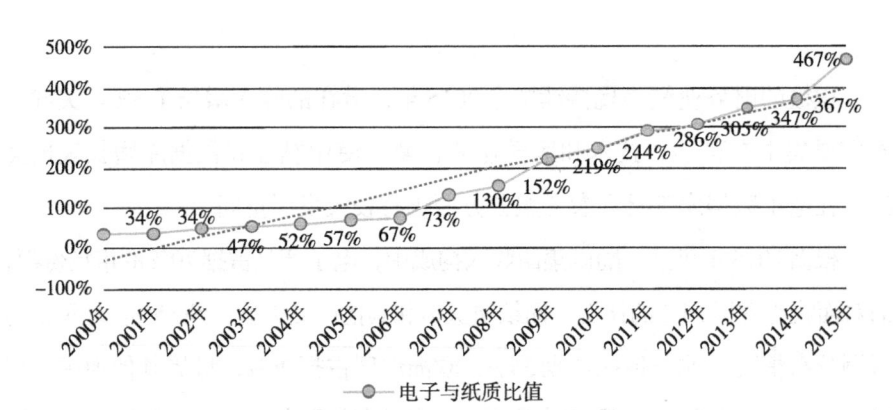

图3-4 各年度电子产品与纸质产品比例示意图

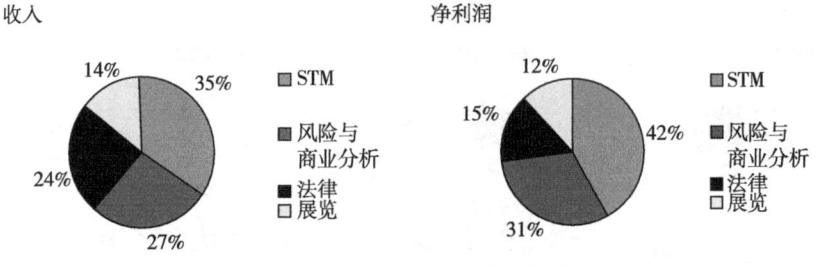

图3-5 励讯集团四大细分产品与服务收入构成

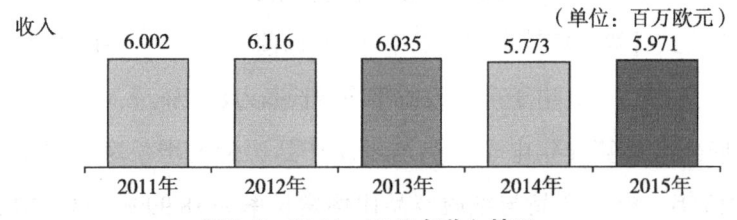

图3-6 2011—2015年收入情况

根据以往该集团并购情况分析，爱思唯尔对出版产业的业务类型与产生利润水平进行划分，将旗下的产品类型结构设计为"金字塔结构"。顶端是科学出版业务，按毛利水平依次排序则是专业（医学、法律、税务等）、商业信息（为企业和产生服务的信息）和消费（大众）信息出版。但由于科学出版业务占比达60%左右，因此通过扩大其他业务比重例如专业和商业信息出版，而放弃低毛利的大众图书出版和资本密集的印刷业务。

在一系列并购过程中，STM比重上升，并减少消费出版比重，减少对广告盈利模式的依赖。摆脱循环性业务，在数字化业务中提供有情境的解决方案（如搜索和评估）作为增值服务的方向，以及通过全球外包降低成本。励德·爱思唯尔的业务和收入结构发生重大改变，产品线得到精简，STM和专业出版占据收入和利润的绝大部分。市场地位方面，STM全球第一，风险解决方案业务在某些维度全球第一，法律部门全美第二，美国之外第一或第二，会展业务全球第一。北美和欧洲仍然是励德·爱思唯尔STM业务的主要市场，其他国际市场的收入占比只有33%。❶

励讯集团拥有3万员工，由52%的女性和48%的男性组成，平均工龄8年。经理层中女性占比44%，男性占比56%；高级运营经理中，女性占比31%，男性占比69%。

二、励讯集团中国市场开拓情况分析

励讯集团业务地理分布区域情况显示，除欧洲和北美地区外，其他国家和地区业务所占比例为20%。作为国际知名出版集团，励讯集团非常重视中国市场的开拓与布局。

1984年，爱思唯尔旗下的帕格蒙出版社在中国成立办事处，成为第一家在中国培训出版人员的外国机构。也正是这家出版社出版了《邓小平文选》英文版，这是改革开放后有关中国领导人著作的首次版权输出。1992年，爱思唯尔的工程类期刊数据库Engineering Information（EI）是第一个被引入中国的外国数据库，如今EI收录300多种中国工程类期刊。2001年，爱思唯尔和律商联讯在中国设立办事处，由此全面迈进中国市场；紧随其后的2002年，励展博览也设立办事处；律商风险和励德商讯则在2010年前后开启了在中国的业务。

在爱思唯尔平台发表的学术论文中，中国论文比重占到12%，数据库数据显示，来自中国的下载量已经超过20%，位居全球各地区之首；励展在中国的收入和规模仅次于爱思唯尔，成立9个合资公司，在中国主办包括上海童书展在内的50余场展览。律商联讯不仅在中国提供其国际旗舰产

---

❶ 刘战兵.励德·爱思唯尔并购战略：1993—2014年[J].出版科学，2016（1）：99-104.

品,还开发了包括律商网在内的一系列本土化产品,每年在北京、上海举办的法律高峰论坛在法律界具有相当的影响力;较前三者平稳发展,律商风险和励德商讯进入虽晚,发展势头却迅猛无比,成为中国市场最大的潜力股。

整个励讯集团在中国已有逾1600名员工,在北京、上海、广州、郑州、成都都有办公地点;整个集团在中国市场的销售收入,相比进入中国之初约增长6倍。❶

据爱思唯尔科技图书中国区总经理应仲丰介绍,爱思唯尔电子图书每年平均以30%以上的速度在增长,2013年,中国区电子图书的销售首次超过了纸本图书,并将以按需印刷提供纸本服务。目前爱思唯尔的电子图书主要有以下分类:第一种为单卷图书,有2.5万种左右;第二种为丛书和手册,拥有70种左右的丛书和手册,其中有久负盛名的《酶学方法》与《经济学手册》,这两套丛书拥有最多的诺贝尔奖获得者;第三种是大型参考工具书,拥有145套大型参考工具书,其中有《语言与语言学大百科》《神经学大百科》等;第四种是教材,目前有140种教材,这些教材涵盖各个不同的学科;第五种是参考书,这是爱思唯尔最为创新的产品,以大型参考工具书为基础,在全球范围内选择一流的学者作为委员会成员,他们负责选择、审查和更新该领域内最新的信息。目前开发了三个主题模块——化学、分子科学和化学工程,地球系统和环境科学,生物医学科学。爱思唯尔的电子书大部分是一次性买断,但丛书、手册及参考书模块是订阅收费的。

爱思唯尔电子图书最重要的渠道是ScienceDirect平台,对于机构购买的客户,在IP地址范围内,没有并发用户(在同一时刻与服务器进行交互的在线用户数量)的限制,客户可以通过关键词查询交叉学科的内容,期刊与图书可以同时进行查询,还可以对需要的内容进行全文下载。爱思唯尔

---

❶ 励讯(原励德·爱思唯尔)集团:外商入华做出版,怎样才能"接地气"[EB/OL](2015-08-25)[2018-02-01].http://mp.weixin.qq.com/s?__biz=MjM5OTU5MDYyMw%3D%3D&idx=1&mid=207930527&scene=21&sn=ee570646de150 48facd93f0d0c1c77d0.

通过分析认为，期刊一般在发表的一年内有一个使用的高峰，之后就急剧下降，相对于期刊，电子图书的使用周期比较长，可以连续十几年保持比较稳定的水平。❶

（一）中国设立公司情况统计

根据2015年年报，励讯集团在中国共计开设22家公司，涉及医疗、投资、展会经济领域。在香港地区，共开设9家公司。具体情况详见表3-3。

表3-3 励讯集团在中国设立公司情况（根据2015年年报整理）

序号	中国
1	中国北京贝克瑞会展服务有限公司（25%）
2	北京医大时代爱思唯尔教育科技有限公司（49%）
3	易贸资讯（CBI）（上海）有限公司
4	c1 Energy Ltd*
5	精励联讯（Genilex）信息技术有限公司（40%）*
6	艾多酷咨询（北京）有限公司*
7	可艾（KeAi）通讯有限公司（49%）*
8	律商联讯（LexisNexis）风险解决方案（上海）信息技术*
9	市场情报主管咨询（北京）有限公司（91%）
10	励德爱思唯尔信息技术（北京）有限公司*
11	励德展览（中国）有限公司
12	励德展览（上海）有限公司
13	励德Guanghe公司有限公司（80%）
14	励德宏达展览（河南）有限公司（51%）
15	励德Huabai展览（北京）有限公司（51%）
16	励德Huabo展览（深圳）有限公司（65%）
17	励德Huaqun展览有限公司（52%）
18	励德Kuozhan展览（上海）有限公司（60%）
19	励德国药控股展览有限公司（50%）
20	励讯RELX（中国）投资有限公司

---

❶ 海外出版商：我们的策略与数字化布局[N].中国出版传媒商报,2014-09-23.

续表

序号	中国
21	上海CBI商业发展有限公司（20%）*
22	上海大通医疗信息技术有限公司*

*年报标记"注册资本"字样

（二）STM数据库服务现状分析

唐·舒尔茨曾经提出网络时代的新型营销理念即"关系营销"，而后进一步提出"SIVA"营销策略：针对目标用户的需求，提供解决方案（Solution），将相关信息传递出去（Information），凸显解决方案的价值所在（Value），以最短的途径将解决方案送达目标用户（Access）。励讯集团在STM数据库产品与服务市场开拓中，在一定程度上反映了"SIVA"营销策略。

新型数据库产品在国际化市场售卖过程中，作者、个体研究人员、教学和研究机构、图书馆等构成了非常重要的目标用户资源。针对研究需求、评价需求、发展需求三个层面，励讯集团利用线上与线下的互动营销方式，利用多种平台和社交工具，提升不同层次用户的产品服务近用性和选择或然率。

1. "作者培训计划"——提高本土市场内容源比例

爱思唯尔开展"作者培训计划"，邀请著名期刊编辑或编委到中国大学讲课，讲授文章发表规则，从内容源头角度提升本土化用户参与能力。仅2013年，就曾在北京林业大学、中国科学技术大学、哈尔滨工业大学和中国科学院信息工程研究所举行"作者研修班"（Author Workshop）。爱思唯尔每年要办20~30场类似活动。为更好地满足作者需求，建立免费的网站"论文吧"，发布作者培训PPT和视频供免费学习。

爱思唯尔拥有的2000多种期刊中，来自中国的科研论文仅次于美国，占总数的14%且逐年上升；另外，中国人用英文写作经过同行评审的科研文献中，发表在爱思唯尔期刊上的比例达到28%，而这些文献被引用的次数占中国英语科研文献总引用数的34%。

2.免费培训与网络研讨会——缔造机构客户"关系维护计划"

从2010年起，针对科研人员，爱思唯尔开始提供免费数据库在线培训课程。2015年9月至2016年1月期间，针对科研人员和研发人员，爱思唯尔共举办13场在线培训课程。例如：2015年9月23日开设"Elsevier投稿指南及联合利用ScienceDirect和Mendeley助力研究"培训。2015年12月3日开设"如何利用Elsevier电子书提升您的教学与科研"培训。2016年1月7日，开设"Scopus新知与应用实例"培训。围绕着核心产品解决方案、科研管理解决方案、生命科学解决方案、工程解决方案，爱思唯尔推出了相关产品的在线培训课程，通过不同用户需求的细分，传递核心价值、提高用户黏性。具体情况见表3-4。

表3-4 爱思唯尔针对科研和研发人员的在线培训课程

解决方案名称	产品名称	资料名称
核心产品解决方案	ScienceDirect	ScienceDirect在化学研究中的应用与Elsevier期刊投稿常识
		ScienceDirect在工程学研究中的应用与Elsevier期刊投稿常识
		ScienceDirect在生命科学研究中的应用与Elsevier期刊投稿常识
	Mendeley	快速使用指南
科研管理解决方案	Scopus	快速使用指南
	SciVal	Elsevier科研管理解决方案介绍
		Elsevier科研管理解决方案在985高校中的应用
		爱思唯尔科研管理解决方案（视频）
生命科学解决方案	Reaxys	Reaxys基础培训
	Reaxys Medicinal Chem	Reaxys Medicinal Chemistry总体情况及主要功能介绍（中英文版）
	Embase	Embase基础培训

续表

解决方案名称	产品名称	资料名称
工程解决方案	EV	如何检索最权威的工程文摘数据库Engineering Village
		全方位驾驭世界顶级工程索引数据库平台 Engineering Village
	Knovel	Knovel交互式表格
		Knovel交互式方程式
		Knovel基本检索功能
		"My Knovel"功能
		Knovel独一无二的检索功能
		工程师的好助手——Knovel
		Knovel's_Excel_Add_In_Tool

（数据来源：爱思唯尔官网）

为进一步加强爱思唯尔和中国学术界及图书馆界的联系，2004年9月开始正式出版爱思唯尔亚太区时事通讯（中文版）。另外，推出Library Connect季刊电子报，针对图书馆机构举办"Library Connect"项目，搭建面向学术界、医疗卫生界、企业界及政府图书馆员之间的交流平台，采用全球转播形式，对用户需求、工具和图书馆工作人员功能开发进行详细解读。例如，2014年2月20日，曾经就"Altmetrics（补充型指标计量学）工具、技巧和使用案例"主题，举办全球网络在线研讨会。2015年11—12月，针对图书馆和情报分析人员，举办了ScienceDirect用量查询及分析研究和Scopus用量分析研究的两场在线培训。

3.年度中国高被引学者榜单——建构本土化市场学术评价指标

爱思唯尔中国官网于2016年1月发布了"2015年中国高被引学者"（Most Cited Chinese Researchers）榜单，根据爱思唯尔旗下的Scopus数据库收录情况，排列选取1700多名最具世界影响力的中国学者。根据官网显示，中国高被引学者榜单涉及38种学科领域，见表3-5。

表3-5 2015年中国高被引学者榜单（整理统计）

序号	中国高被引学者榜单学科	学者数量
1	航天工程	9
2	农业与生物科学	80
3	艺术和人文	5
4	汽车工程	8
5	生化、遗传和分子生物学	98
6	生物医学工程	24
7	建设和建造	12
8	商业、管理和会计	30
9	化学工程	88
10	化学	133
11	土木和结构工程	18
12	计算力学	11
13	计算机科学	150
14	控制和系统工程	38
15	决策科学	20
16	牙医学	11
17	地球和行星科学	71
18	经济、经济计量学和金融	16
19	电气和电子工程	40
20	能源	73
21	环境科学	77
22	通用工程	31
23	免疫和微生物学	35
24	工业和制造工程	23
25	材料科学	135
26	数学	86
27	机械工程	21

续表

序号	中国高被引学者榜单学科	学者数量
28	材料力学	23
29	医学	110
30	神经科学	25
31	护理学	5
32	海洋工程	11
33	药理学、毒理学和药剂学	47
34	物理学和天文学	116
35	心理学	10
36	安全、风险、可靠性和质量	8
37	社会科学	36
38	兽医学	4

从表3-5中，我们发现计算机科学、材料科学、化学、物理学和天文学以及医学领域，中国高被引学者数量较多。以计算机科学领域为例，共有150位学者被收录，涉及69家高等学校和研究机构。根据工作单位上榜学者数量进行排名，中国科学院收录15位，华中科技大学和清华大学各收录10位并列第二，浙江大学收录8位，东北大学收录5位，上海交通大学和中山大学分别收录4位。共有31家高校和研究机构收录2名以上学者，38家高校和研究机构收录1名学者，见表3-6。

表3-6　2015年计算机科学领域上榜学者工作单位排名（整理统计）

排名	上榜学者工作单位	计数
1	中国科学院	15
2	华中科技大学	10
3	清华大学	10
4	浙江大学	8
5	东北大学	5

续表

排名	上榜学者工作单位	计数
6	上海交通大学	4
7	中山大学	4
8	大连理工大学	3
9	东南大学	3
10	福州大学	3
11	华南理工大学	3
12	南京航空航天大学	3
13	天津大学	3
14	西安电子科技大学	3
15	浙江工业大学	3
16	复旦大学	2
17	哈尔滨工业大学	2
18	河北大学	2
19	吉林大学	2
20	南京师范大学	2
21	山东科技大学	2
22	山西大学	2
23	深圳大学	2
24	四川大学	2
25	苏州大学	2
26	同济大学	2
27	微软亚洲研究院	2
28	西南大学	2
29	西南交通大学	2

续表

排名	上榜学者工作单位	计数
30	中南大学	2
31	重庆大学	2
32	北京大学	1
33	北京航空航天大学	1
34	北京化工大学	1
35	北京交通大学	1
36	北京科技大学	1
37	北京师范大学–香港浸会大学联合国际学院	1
38	大连大学	1
39	电子科技大学	1
40	东华大学	1
41	广西师范大学	1
42	国防科学技术大学	1
43	杭州电子科技大学	1
44	河北科技大学	1
45	河北师范大学	1
46	湖南大学	1
47	华东师范大学	1
48	济南大学	1
49	江南大学	1
50	江西财经大学	1
51	昆明理工大学	1
52	辽宁工业大学	1
53	闽南师范大学	1

续表

排名	上榜学者工作单位	计数
54	南方科技大学	1
55	南京大学	1
56	南开大学	1
57	青岛大学	1
58	山东财经大学	1
59	上海大学	1
60	上海科技大学	1
61	四川师范大学	1
62	太原理工大学	1
63	西安建筑科技大学	1
64	西安交通大学	1
65	浙江海洋学院	1
66	中国工程物理研究院	1
67	中国科学技术大学	1
68	中国科学院大学	1
69	重庆邮电大学	1

4.数据库产品定价——价格敏感型市场"低价、高折扣"引入策略

根据产品生命周期理论，爱思唯尔数据库产品在欧洲与北美地区较为成熟，但在进入中国这一区域市场时，仍然要重新经历产品引入期阶段。由于存在一定政策性壁垒和中国市场属于价格敏感型需求市场，爱思唯尔在进入中国市场之初，采用"低价、高折扣"价格策略。数据库产品在中国的定价大约是全球定价的两折，平均价格仅为47美分。这对该集团数据库产品扩大用户规模起到了决定性的作用。但这也为其中国区域本土化发展的盈利情况带来一定的矛盾，即年度下载量占全球市场的1/5，但收入只有3%。

一方面，爱思唯尔收录期刊数据库产品和增值服务规模化和垂直度不断提升；另一方面，期刊影响因子在全球领域评价参考号召力形成示范效力；这使得中国本土用户对其产品与服务依赖性增强。但在全球范围内数据库价格的增长，一定程度上引发了"抵制爱思唯尔"运动的出现，2012年英国等国家出现科学界对于爱思唯尔集团的声讨。随着爱思唯尔数据库产品在中国进入成长期，它逐渐开始采用渐进高价格战略。

（三）利益相关者协同策略

1. 开展联盟战略——应对新型版权问题

2010年，爱思唯尔发起中国国际出版商版权保护联盟（IPCC），以"对话、合作、共赢"为宗旨，其支持机构包括英国出版商协会和美国出版商协会。2015年，荷兰学术出版社博睿加入IPCC。目前已有国际专业出版商成员17家。

2. 实施本土化合作出版

目前爱思唯尔主要的合作伙伴包括北京大学医学出版社、人民卫生出版社、人民军医出版社、世图西安公司等。此外与国内主要的图书进出口公司如中国图书进出口（集团）总公司、中国教育图书进出口公司、中国国际图书贸易总公司、中国科技资料进出口总公司、中国中科进出口有限公司、中国经济图书进出口公司、外文书店等密切合作。

与上海交通大学合作完成了我国领导人邓小平与江泽民作品的版权输出后，在2012年8月双方签署协议，一次性输出"大飞机出版工程"五种精品学术专著的英文版版权。

2009年爱思唯尔出版了中国前国家主席江泽民的两本著作的英文版：《中国能源问题研究》和《论中国信息技术产业发展》。

2012年4月16日，浙江大学出版社与爱思唯尔集团合作出版的《中国智能科学与技术研究前沿》英文学术专著系列丛书参加伦敦书展。首批新书包括30本学术精品，这批图书不仅将通过Elsevier强大的全球销售网络进入主流营销渠道，被全球知名学术图书馆收藏，还将上线其最新开发的Insights电子图书和按需印刷系统，同时也将在其著名的可供1100万科学家同时访问的

ScienceDirect进行电子图书销售，另外也可通过elsevierdirect.com及第三方进行单独购买。2012年爱思唯尔与上海交通大学合作出版《钱学森文集》。

3.其他合作渠道拓展

（1）联合学术官方组织，提高行业影响力

2013年10月15日，爱思唯尔公司与中国国家自然科学基金委员会（NSFC）建立合作关系。爱思唯尔将为国家自然科学基金委员会提供信息服务和解决方案，为提高科学基金信息开放、绩效展示和信息系统智能化提供支持。爱思唯尔将给国家科学基金委员会的员工、评审专家、基金申请人以及部分受基金资助的研究机构提供Scopus访问权限。这将使得Scopus数据库能够在中国学术界赢得更广泛的应用和声誉。Scopus的Web服务应用程序接口（API）与国家自然科学基金委员会的信息管理系统对接并为信息系统提供数据支持，为项目申报中的信息验证及计算机辅助指派专家信息提取和分析提供更多的便利。开放爱思唯尔公司崭新的SciVal智能化工具的试用，用来探索更高效的基金绩效展示新途径。

2013年1月8日，爱思唯尔与西安交通大学达成战略合作意向。这是该集团首次与中国高校建立全面战略合作伙伴关系。双方合作的重点包括以下几个方面：围绕优势学科和新型交叉学科，推出3~5个由西安交通大学科研人员任主编、有国际影响力的高水平国际期刊；推出一批西安交通大学作者创作的、在一定程度上反映西安交通大学科研实力的学术著作，双方共同出版一套"西安交通大学文库"；西安交通大学采用爱思唯尔最新研制的科研绩效评估工具和解决方案如SciVal套件，对优势学科进行客观评价，为学科规划与建设提供决策支持。西安交通大学成为爱思唯尔产品开发合作伙伴，优先试用爱思唯尔最新研发的科研绩效评估工具并对产品功能、使用和发展方向提供相应的意见和建议。❶

---

❶ 爱思唯尔与西安交大建立全面战略合作伙伴关系[EB/OL]（2015-05-08）[2018-02-01].http://china1.elsevier.com/ElsevierDNN/%E6%96%B0%E9%97%BB%E5%BF%AB%E8%AE%AF/2013%E5%B9%B4%E6%96%B0%E9%97%BB%E5%BF%AB%E8%AE%AF/%E4%B8%8E%E8%A5%BF%E5%AE%89%E4%BA%A4%E5%A4%A7%E5%BB%BA%E7%AB%8B%E6%88%98%E7%95%A5%E5%90%88%E4%BD%9C%E4%BC%99%E4%BC%B4/tabid/2146/Default.aspx.

（2）整合中国本土医生资源，自建零距离对接渠道

爱思唯尔建立中国医学社区，搭建中国医生在线学习服务平台，截止到2016年11月，平台已集纳150440名医生。

（3）孵化中国版期刊产品，实现资源互补和价值再生

根据爱唯医学网栏目信息，共有19个中文版期刊，包括《柳叶刀》（中文版）（《柳叶刀糖尿病及内分泌学杂志》《柳叶刀感染性疾病杂志》《柳叶刀呼吸医学杂志》），《美国心脏病学会心血管介入杂志》《消化内镜杂志》（中文版），《关节成形外科杂志》，*The Spine Journal*（中文版），《关节镜：关节镜及相关外科杂志》《肝脏病学杂志》（中文版），《美国外科医师学会杂志》《胸心血管外科杂志》，《胸外科年鉴·普胸外科分册》（中文版），《国际妇产科杂志》《微创妇产科杂志》《肠胃病学杂志》《美国心脏病学学院杂志》《临床结直肠癌》（中文版），《疫苗杂志》和《国际外科学杂志》。

在爱唯医学网点击各个刊物，可直接链接到微信二维码公号，也可跳转网站登记订阅。中文刊物创刊时间，最早可追溯到2006年的《疫苗杂志》，2016年国际外科学杂志刚刚开放中文投稿通道。2010年开办杂志1种、2012年开办9种、2013年开办3种、2015年开办2种、2016年开办2种。电子期刊在线读者最多的是《柳叶刀糖尿病及内分泌学杂志》，截至2016年11月8日为6150人。其次为《关节成形外科杂志》，在线读者为3649人。排在第三位的是《美国心脏病学会心血管介入杂志》，在线读者为2633人。19种期刊中文版在线读者总数为24795人。

根据官网提供的编委会成员情况，我们发现19种中文版期刊，中国籍编委会成员总数为686人。其中，主编（含荣誉/审稿专家）人数为54人，副主编人数为108人、编委会成员人数为519人、秘书（长）5人，见表3-7。

表3-7　爱唯医学网中文期刊数据统计（归纳整理）

序号	中文版期刊		在线读者	创刊时间（年份）
1	《柳叶刀》中文版	《柳叶刀糖尿病及内分泌学杂志》	6150	2013
2		《柳叶刀感染性疾病杂志》	1803	2012
3		《柳叶刀呼吸医学杂志》	1143	2013

续表

序号	中文版期刊	在线读者	创刊时间（年份）
4	《美国心脏病学会心血管介入杂志》	2633	2012
5	《消化内镜杂志》（中文版）	无数据	2015
6	《关节成形外科杂志》	3649	2016
7	The Spine Journal（中文版）	68	2015
8	《关节镜：关节镜及相关外科杂志》	521	2013
9	《肝脏病学杂志》（中文版）	938	2012
10	《美国外科医师学会杂志》	890	2012
11	《胸心血管外科杂志》	1387	2010
12	《胸外科年鉴·普胸外科分册》（中文版）	无数据	2014
13	《国际妇产科杂志》	403	2012
14	《微创妇产科杂志》	173	2012
15	《肠胃病学杂志》	1735	2012
16	《美国心脏病学学院杂志》	2102	2012
17	《临床结直肠癌》（中文版）	677	2012
18	《疫苗杂志》	523	2006
19	《国际外科学杂志》	无数据	2016

4.媒体策略运用情况

在建设网站方面，爱思唯尔搭建了7个中国网站，即爱唯医学网、爱思唯尔科技部、NursingChina、柳叶刀中文版、大通医疗决策和医大爱思唯尔。

在视频化策略方面，爱思唯尔在优酷视频平台建立自己的自媒体频道。从2014年5月9日至2016年10月20日，共发布97个视频，视频播放次数为3284，粉丝数却仅为13人。可见，虽然在产品推广渠道设计上具有一定的丰富性，但在联动营销和传播效率方面，仍有一定的局限性，没有发挥预期效果。

在利用社交工具方面，励德爱思唯尔科技创建新浪微博账号，截止到2016年11月8日，粉丝数量为27524，发布帖子数量为2277。除此之外，励讯集团也注重在微信平台开设相关公号进行推介。目前，已经开设11个微信公号，即爱思唯尔Elsevier、爱思唯尔医学苑、爱唯医学网、医大爱思唯尔、爱唯医学网内分泌、环球消化快讯、律商网法律热点话题、妇瘤时间、律商IP、爱思唯尔大通、励展博览集团。

清博大数据创建WCI指数，它可以较为全面地反映出微信公众号推送文章的传播度、覆盖度及公号的成熟度和影响力，从而反映出微信整体热度和公众号的发展走势。

励展博览集团大中华区是励德爱思唯尔成员之一，在中国经历30多年快速发展，拥有9家成员公司和500多名员工。截至2016年11月26日，励展博览集团（北京励德展览有限公司上海分公司）公号的等价活跃粉丝为3155，最新WCI为290.08；爱唯医学网内分泌公号（北京励德爱思唯尔科技有限公司）等价活跃粉丝为3265，最新WCI为264.69；爱唯医学网公号（北京励德爱思唯尔科技有限公司）等价活跃粉丝为2090，最新WCI为222.44；环球消化快讯公号（励德爱思唯尔信息技术（北京）有限公司上海分公司）等价活跃粉丝为2925，最新WCI为161.11；律商网法律热点话题公号（励德爱思唯尔信息技术（北京）有限公司）等价活跃粉丝为3215，最新WCI为195.52。在可评估公号中，爱唯医学网内分泌公号等价活跃粉丝数最多，而励展博览集团公号的WCI值最高，影响力最大。而其他公号由于活跃度不高，尚不具备评估其活跃粉丝数量和影响力指数的条件。

第二节　培生教育集团——教育出版市场分析

一、培生教育集团基本情况分析

培生集团是由塞缪尔·培（Samuel Pearson）生于1844年在英格兰北部约克郡创立的一家小型建筑公司S. Pearson and Son发展起来的。

目前，在全球80多个国家拥有4万多雇员。在企鹅和兰登书屋完成合并后，培生将运营重心放在了教育板块。2015年，培生剥离了旗下所有非教育和学习资产。由于新战略的实施，培生旗下大众出版公司企鹅与贝塔斯曼旗下兰登书屋合并，培生相继出售了《金融时报》和其在《经济学人》杂志所占的50%的股份。

根据2016年全球出版企业50强排名，培生集团无论是在整体排行榜中，还是在教育出版市场版块中均拔得头筹，以2015年收入6625百万美元排名第一。因此，对培生集团进行产业研究具有一定的代表性和权威性。

（一）产品线分析

1.区域市场分类

从2013年起，培生集团采用新的业务线和区域市场分类，即包括北美市场、核心市场和新兴市场。核心市场包括英国、澳大利亚、德国、法国、意大利和比荷卢经济联盟（比利时、荷兰、卢森堡）。新兴市场则涵盖巴西、南非、中国、印度和其他快速发展的经济体。各区域市场实施同样的产品开发战略，即根据学习年龄和阶段（基础教育和职业教育）来开展业务。

培生集团2014年财报中的2015年展望章节对培生教育三个主要市场领域进行了梳理：北美地区教育市场领域包含K12教育和学院教育市场，其中，数字产品和服务市场具有一定增长趋势；增长型市场主要涵盖中国、巴西、印度等国家和地区，其中，在南非具有较为稳定的市场增长率；核心市场主要涵盖英国、澳大利亚和意大利等地区，其中，英国地区市场增长较为稳定，意大利市场2014年启动的新型的课程科目也呈现较为稳定的发展态势。

培生集团的战略目标定位为：整合数字化与大数据技术，将学习需求与良好的教育培训资源整合在一起，通过驱动教育市场的边界，建构深层次教育收益模式。

北美区域市场，学校教育收益占比为45%，高等教育市场收益占比为45%，职业（专业）市场收益占比为10%。

核心区域市场，学校教育市场收益占比略低于北美市场同类份额为

43%，高等教育市场收益占比仅为17%远低于北美同类市场份额，职业（专业）市场收益占比为40%。

增长区域市场中，由于学校教育的差异性，收益市场份额构成情况与北美和核心区域市场有较大差别。学校教育市场收益占比仅为25%，高等教育市场收益占比为21%，职业（专业）市场收益占比份额表现突出，达到54%。根据布鲁斯·亨德森提出的波士顿矩阵（BCG Matrix）市场增长率——相对市场份额矩阵分析方法，我们发现，尽管培生各区域市场开发同类产品线服务，但由于市场开发程度和教育制度差异性原因，导致各区域市场"明星产品"和"现金牛"产品呈现较大差异（见图3-7）。

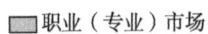

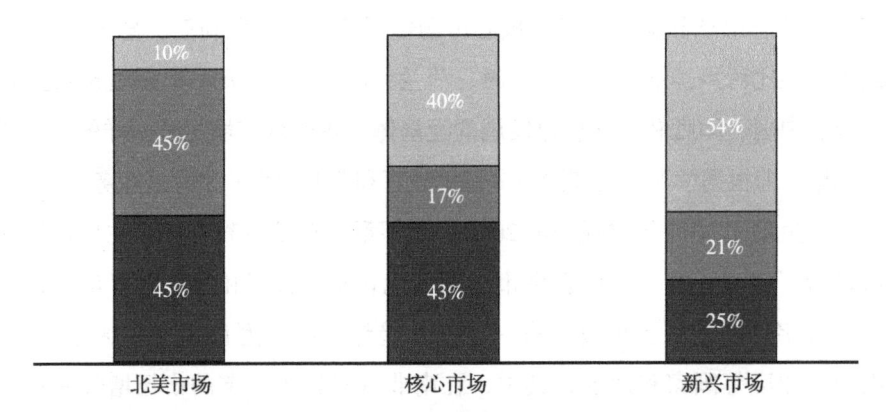

图3-7 区域市场商业收入情况

（数据来源：培生2014年报）

根据培生2015年报数据，培生新兴市场收益情况根据公式 N 年数据的增长率=$[(本期/前 n 年)^{1/(n-1)} -1]×100\%$，得出从2007年至2015年，新兴市场收入年均增长率为12.95%（见图3-8）。

新兴市场收益构成中，主要涵盖中东地区、中美洲/拉丁美洲、非洲、印度和中国。根据2007—2015年新兴市场收益情况，我们发现，中国市场收益增长迅速，2015年在五大区域市场中占比最多，是海外市场开拓中较为重要的部分。中美洲/拉丁美洲的收益份额在五大新兴市场区域中排名第二。印度市场在五大区域市场收益占比最小。非洲地区市场,在2014年和2015年收益萎缩情况较为严重。

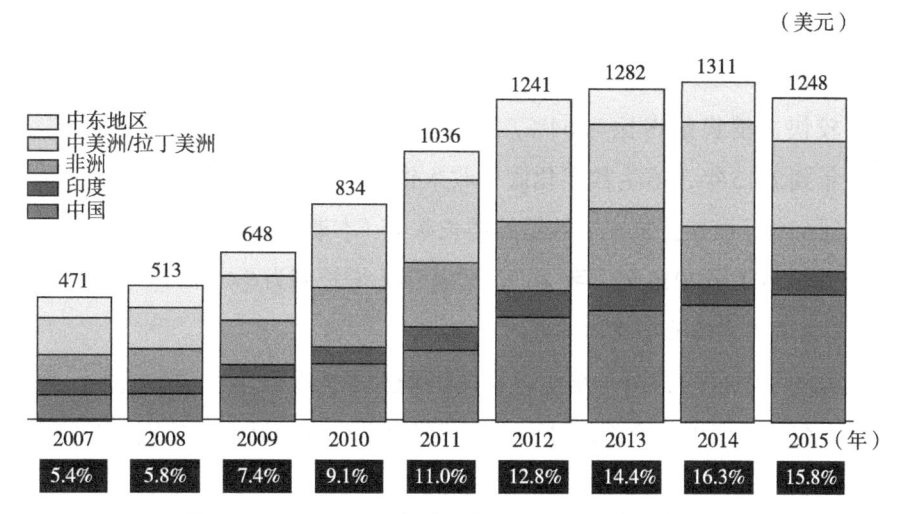

(美元)

图3-8 2007—2015年培生新兴市场收益情况统计表

2.数字化产品转型趋势

2014年年报中,培生公司梳理了2012—2014年美国高等教育市场产品服务的数字化转型趋势。根据图3-9显示,2012年开始,美国高等教育纸质产品容量在逐年降低;与此同时,美国"我的实验室"服务注册数量逐年上升。美国高等教育教材服务逐渐转向课程系统。

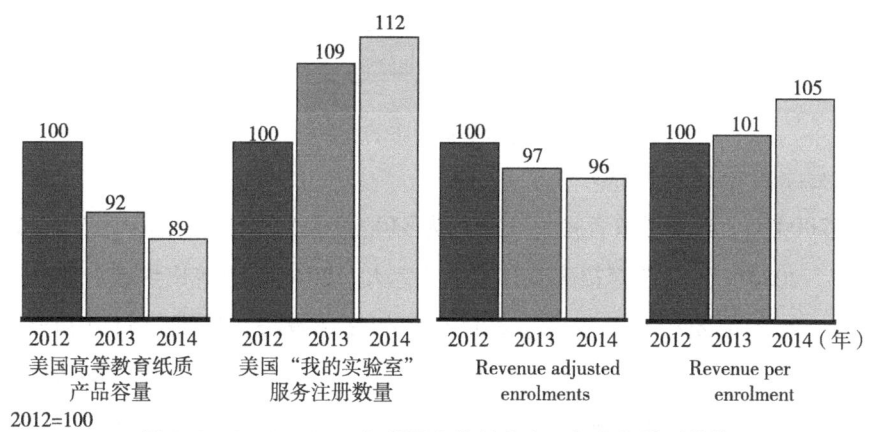

2012=100

图3-9 2012—2014年美国高等教育产品数字化转型趋势

(数据来源:培生2014年年报)

根据2014年和2015年年报数据统计，2014年培生数字化服务收入销量占总收益的62%。北美市场为数字化服务主流市场，销量占比64%；核心市场数字化服务也超过半数，销量占比58%；增长型（新兴）市场发展较快，销量占比为61%。而2015年，北美市场销售量占比为65%，核心市场增长速度较快，销售量占比为64%，增长型（新兴）销售量占比为65%。从2006年到2015年，培生数字化服务收入销量增长情况，从总收益占比37%增长到65%。根据公式N年数据的增长率=[（本期/前n年）$^{1/(n-1)}$ -1]×100%，得出从2006年至2015年，数字产品收益年均增长率为6.46%。

3. 教育类市场业务重心布局

2015年财报中，对于培生教育的市场发展情况做出了详细梳理。我们发现，在教育市场背景梳理过程中，曾经有几个发展高峰，分别在1975年、1980年、1991年、2002年和2009年。

培生在2014年年报中对全球高等教育市场招生规模进行了预测见图3-10。

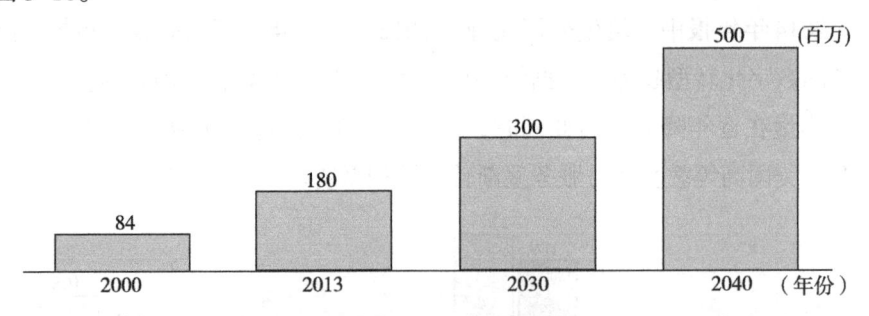

图3-10　全球高等教育市场发展趋势预测

（数据来源：培生2014年年报）

2000年全球高等教育招生人数约为8400万人，2013年招生人数约为1.8亿人，2030年高等教育招生规模约为3亿人，2040年则增长到约为5亿人。另外，培生集团根据美国大学委员会的年度调查报告数据，对2014年至2015年全日制本科阶段平均花销预算进行评估，发现高等教育市场存在较大发展机遇，高等教育消费市场增长可观。以四年州立公共大学教育为例，书本与设备费大约为1225美元，学费约为9139美元，食宿为9804美元，交通费用约为1146，其他费用约为2096美元。四年私人非营利性大学教育环节，书本与设备费大约为1224美元，而学费约为31231美元。无论是人数规模，还是消费数量，教育市场均具有发展潜力。这也为培生集团2015年产品线调整提供了参考依据。

4.目前产品类型分析

根据2014年年报，培生产品包括针对自有学校和学院的实体与虚拟化的产品服务、管理服务（教育服务与系统）、教学培训配套评估服务和课程软件开发四大类。这四大类产品贯穿学校教育、高等教育和职业教育三个细分市场领域见表3-8。

表3-8　培生优先产品构成

	自有学校和学院的实体与虚拟化的产品服务	管理服务（教育服务与系统）	教学培训配套评估服务	课程软件开发
学校教育	混合虚拟学校 如连接型教育 （Connection Education）	系统 如巴西儿童之家 （Pueri Domus）	大规模评估服务 如TestNav	下一代课件：可视化数学小学教材/科技解决方案 如enVisionMATH/Pearson System of Courses，Realize
高等教育	混合虚拟高等教育学习 如培生2010年收购的南非私营高等教育机构 （CTI）	在线项目管理 如亚利桑那州立大学 （ASU）		下一代课件 如浸入式数字学习工具REVEL
职业教育	混合虚拟英语语言学习 如华尔街英语 （Wall Street English）	电子化认证考试机构 如培生VUE	全球英语水平等级 如GSE	在线教育产品 如我的英语实验室 （My English Lab）

（数据来源：2014年培生年报）

（二）收益模式分析

1.培生收入呈现稳健增长趋势

结合2015年财报，根据公式N年数据的增长率=[（本期/前n年）$^{1/(n-1)}$－1]×100%，得出2006—2015年，培生收入年均增长率为12.07%，见图3-11。

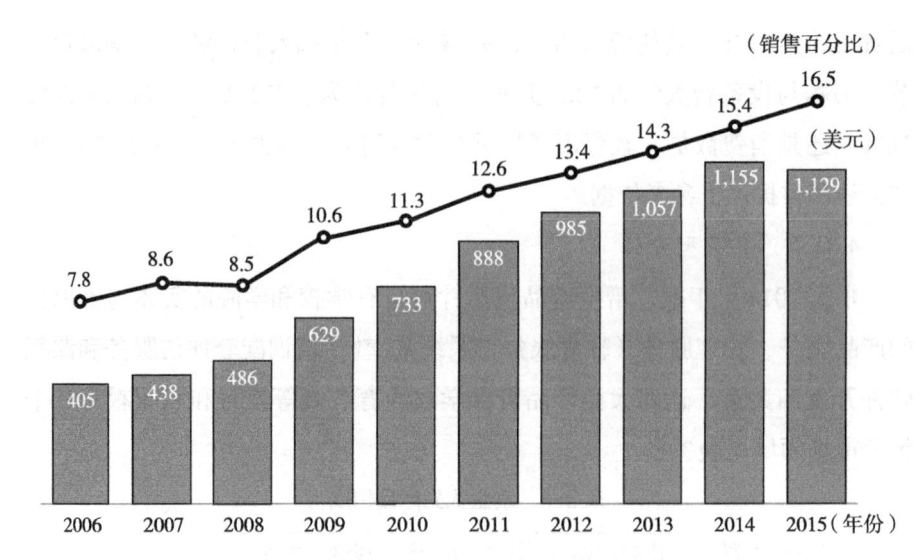

2015年总体下降是由于售卖了学习信息系统"强大学校"（Power School）。
*Continuing operations

图3-11　2006—2015年培生年度收入统计

（数据来源：2015年财报）

2016年，培生减持或售卖了增长速率放缓以及与教育主业差异性较大的资产，售卖了金融时报集团FT Group和学习信息系统PowerSchool。

2．产品收入地理分区特点

根据2015年财报，收入情况统计包括金融时报集团FT Group和学习信息系统PowerSchool。北美区域市场产品收入最多，约占总收入的65.4%；第二是核心市场约占总收入的18.9%；第三是新兴市场约占总收入的15.7%。

2015年，北美市场收入情况如下：高等教育课件在收入占比重最多，占总收入比例的27.2%；学生评估产品收入排名第二，占比为9.5%；学校课件收入排名第三，占比9.2%；除此之外，专业认证和英语服务占比为7.0%；在线高等教育服务收入占比为5.0%，虚拟混合学校产品收入占比为4.7%，临床评估服务收入占比为2.8%。

2015年，核心市场收入情况如下：学生评估产品收入最多，约占总收入的7.5%；其次是专业认证和英语服务，占比为4.4%；学校课件收入略逊于前，占比为4.2%；高等教育产品收入相对较少，占比仅为2.8%。

第三章 典型跨国企业全球化路径分析

2015年，新兴市场收入情况如下：专业认证和英语服务收入最多、表现突出，收入占比为9.1%；学校产品约占3.7%，高等教育服务占比为2.9%，见图3-12。

2015年产品收入地理分区统计

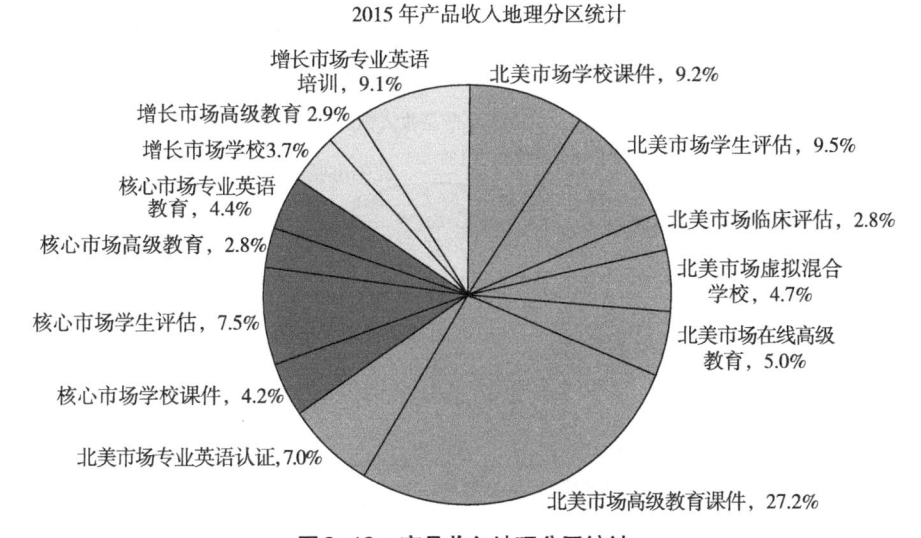

- 增长市场专业英语培训，9.1%
- 增长市场高级教育 2.9%
- 增长市场学校 3.7%
- 核心市场专业英语教育，4.4%
- 核心市场高级教育，2.8%
- 核心市场学生评估，7.5%
- 核心市场学校课件，4.2%
- 北美市场专业英语认证，7.0%
- 北美市场高级教育课件，27.2%
- 北美市场在线高级教育，5.0%
- 北美市场虚拟混合学校，4.7%
- 北美市场临床评估，2.8%
- 北美市场学生评估，9.5%
- 北美市场学校课件，9.2%

图3-12 产品收入地理分区统计

（数据来源：2015年财报）

从培生集团对美国高等教育消费市场的发展预测和对新兴市场中国市场开拓程度的不断提升，我们可以发现美国高等教育课件和新兴市场的专业认证和英语服务产品为培生的明星产品。

3.2015年产品线收入情况特点

根据产品线的划分标准，培生将产品线分为三类：课件、评估系统和服务。其中，课件产品线占总收入的50.6%，评估系统占总收入的29%，服务占总收入的20.4%。

课件产品线中，北美高等教育和英语语言教学收入最多，占比为27.7%。北美学校课件收入占比为9.2%，核心市场课件收入占比为8.3%，增长型市场课件收入占比为5.4%。

评估系统产品线中，北美学生评估收入最多，收入占比为9.5%。核心市场评估系统收入占比为7.5%，北美专业认证收入占比为6.1%，北美临床评估收入占比为2.8%，核心市场专业认证占比1.9%，增长型市场评估收入占比仅为1.2%。

服务产品线市场中，增长型市场服务收入最多，收入占比为9.1%，其次是北美高等教育和英语服务收入占比为5.4%。北美学校服务收入占比为4.7%，核心市场服务收入占比仅为1.2%，见图3-13。

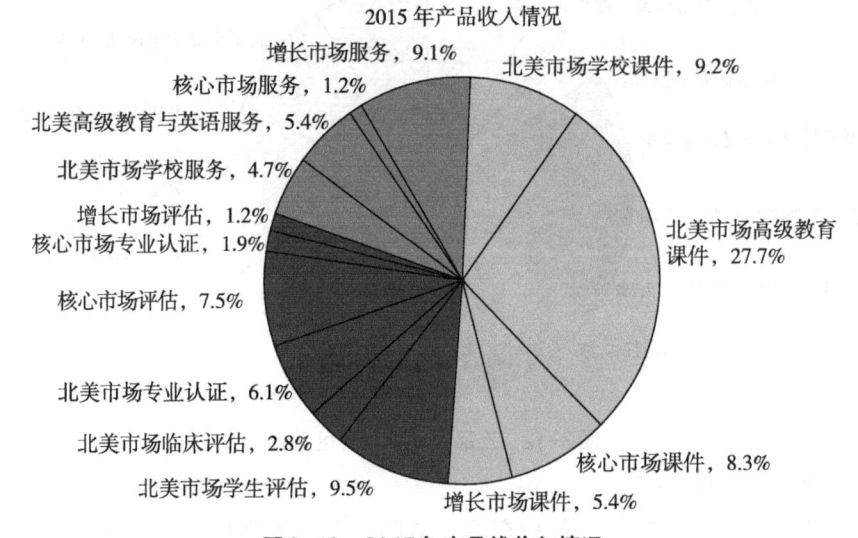

2015年产品收入情况
- 增长市场服务，9.1%
- 核心市场服务，1.2%
- 北美高级教育与英语服务，5.4%
- 北美市场学校服务，4.7%
- 增长市场评估，1.2%
- 核心市场专业认证，1.9%
- 核心市场评估，7.5%
- 北美市场专业认证，6.1%
- 北美市场临床评估，2.8%
- 北美市场学生评估，9.5%
- 增长市场课件，5.4%
- 核心市场课件，8.3%
- 北美市场高级教育课件，27.7%
- 北美市场学校课件，9.2%

图3-13　2015年产品线收入情况

（数据来源：2015年年报）

整体而言，北美高等教育课件市场恰逢市场发展上升期，市场地位突出，资本集约度增长和盈利能力发展前景良好。相比较而言，北美学校课件市场增长速度趋于平缓，盈利能力有所下降。

评估系统产品线中，北美专业认证和英语评估市场恰逢市场发展上升期，市场地位突出、盈利能力前景良好，但资本集约度增长趋于平缓。核心市场的学生评估系统，虽然发展速率略低于前者，但仍保持稳健发展态势。

4.重点产品关键绩效指标——评估登记和学生数量的增长

根据2015年财报，重点产品涵盖三大类。学校产品包括10种，其中，登记学生用户数量增长较多的为State and National TestNav，一年时间增长了

1520万；其次是State and National Practice TestNav，一年时间增长了1240万。针对学校市场产品，跌幅较大的为BTEC和培生系统。高等教育产品包括4种，南非的CTI/MGI，用户数量有所下滑。职业（专业）教育产品包括4种，其中环球教育用户数量略有下降见表3-9。

表3-9 重点产品关键绩效指标

序号	种类	产品	2014年登记用户数（万）	2015年登记用户数（万）	涨幅（%）
1	学校	计算机自适应网上分级测试（Accuplacer）	760	810	50
2		BTEC（年度登记）	149.8	119.7	-30.1
3		连接型教育（Connections Education）	6.2	6.87	0.67
4		爱德思-普通中等水平证书/普通教育高级程度证书（GCSE/A Level）	518.9	546.7	27.8
5		培生系统（学生）	48.1	44.9	-3.2
6		创新数字系统（Q-Interactive）	26	131.6	105.6
7		州和全国性论文（State and National Paper）	3160	3270	110
8		州和全国性TestNav（State and National TestNav）	1120	2640	1520
9		州和全国性Practice TestNav（State and National Practice TestNav）	1060	2300	1240
10		英国国家课程测试（Uk National Curriculum Test）	390.3	398.9	8.6
1	高等教育	南非私营高等教育机构/米德兰研究所（CTI/MGI）	1.34	1.13	-0.21
2		数字化创新教学解决方案（MyLab/Mastering）	1260	1300	40
3		培生在线服务（Pearson Online Services）	21.2	26.5	5.3
4		墨西哥远程大学UTEL（UTEL Mexico）（学生）	0.94	1.26	0.32

续表

序号	种类	产品	2014年登记用户数（万）	2015年登记用户数（万）	涨幅（%）
1	职业教育	环球教育（Global Education）	9.1	8.5	−0.6
2		培生英语商业解决方案（环球英语：Pearson English Bussiness Solutions）	42.3	54	11.7
3		我的英语实验室和其他英语语言教学课件（MyEnglishLab and other ELT courseware）	65.1	73.9	8.8
4		英语测试（Versant+PTE）	82.7	105.8	23.1
5		计算机化考试解决方案（Vue）	1280	1420	140
6		华尔街英语（Wall Street English）	19.01	18.73	−0.28

（数据来源：2015年财报）

5.产品线营业利润特点

根据2015年财报，学校产品线营业利润较上年减少5300万英镑，高等教育产品线较上年增长45万英镑，职业（专业）教育产品线较上年减少8万英镑，企鹅兰登书屋营业利润较上年增长21万英镑。其中，高等教育产品线占总营业利润的49%，总体增长幅度达15%。企鹅兰登书屋收益虽然只占总营业利润的12%，但年度总体增长幅度较大达到30%。

6.全球员工数量与性别比例统计情况

在2015年财报中，培生统计了雇员情况。其中，30%董事会成员为女性，这远远超过了2015年戴维斯爵士为英国350家大型公司设定的25%比例的目标。

目前，已经有超过3000名员工参与全球员工资源组计划。女性员工在培生的构成比例情况如下：在董事会中，2013年女性比例为22%、2014年增加为30%、2015年上升为33%；在高级领导岗位，2013年女性比例为31%、2014年增加至35%、2015年略有下降至34%；在所有工作岗位中，2013年女性比例为57%、2014年上升至58%、2015年增加至59%。具体来说，董事会中，由6名男性和3名女性董事构成。高级领导岗位中，由68位男性和35位女性构成。所有员工中，由16781名男性员工和24260名女性员工组成。

7.注重全员参与影响力打造计划

在2015年，培生主要重点是发展旗舰活动和项目素养。培生为员工提供了一系列新的途径参与有价值的活动和加入本土化社区中。在2015年，30%的员工参与了具有社会影响力的活动。社交媒体公司旗下GOOD杂志发表的项目素养文章达到的浏览次数为449497次。

以项目素养为主题的活动包括世界读书日、曼德拉国际日、国际青年日、国际扫盲日、联合国大会周、国际人权日和"给予星期二"活动日。

二、培生集团中国市场开发情况

从版权输出1.0时代、开展合作2.0时代到开拓教育链条3.0时代，从出版到培训，英语成为培生在中国发展的法宝。截至2015年，华尔街英语在中国的11个城市开设了66家培训中心，在校学员人数6.6万人；环球教育则拥有19个城市的118家直营学习中心和覆盖181个城市的279家加盟培训点，2014年培训学生有17万人次。二者的营业收入和占中国总体营收的76%。培生斥巨资收购的两大英语培训机构，已经在中国市场上站稳脚跟。2013年起，培生开始了自上而下的结构重组，并逐渐结束大杂烩式的业务转而进行统一管理。

（一）培生子公司分布情况

根据2015年培生财报对全世界范围内全资子公司的情况进行归纳统计，我们发现培生世界市场开发呈现出一定的地理分布特性。具体情况见图3-15。

1.中国是除美英之外的第三大公司开设区域

根据2015年财报情况整理，我们发现，培生集团在全世界49个国家和地区建立全资子公司，共计311家。

这些国家和地区包括美国、英国、中国、百慕大群岛、博茨瓦纳、巴西、英属维尔京群岛、加拿大、开曼群岛、智利、哥伦比亚、法国、德国、希腊、匈牙利、印度、印度尼西亚、爱尔兰、以色列、意大利、日本、肯尼亚、莱索托王国、卢森堡、马拉维共和国、马来西亚联邦、墨西哥、莫桑比克、荷兰、新西兰、巴拿马、秘鲁、菲律宾、波兰、波多黎各、新加坡、南非、韩国、西班牙、斯里兰卡、斯威士兰、瑞典、瑞士、坦桑尼亚、泰国、土耳其共和国、乌干达和赞比亚。

从图3-14中我们发现，首先，在美国本土培生全资子公司数量最多，共有105家；其次，英国培生全资子公司数量总量第二，共有72家；值得我们关注的是，总量第三的区域是中国，共建立全资子公司19家；澳大利亚、巴西、南非子公司总量并列第四，建立子公司各9家；加拿大、德国各建子公司8家。

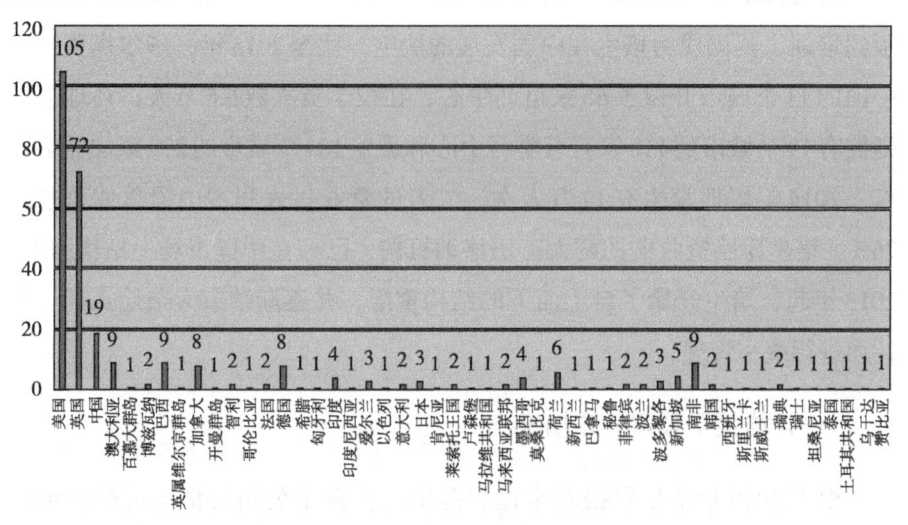

图3-14 培生全资子公司全世界分布数量（2015年财报整理统计）

而中国是除美国和英国之外的最重要海外市场，全资子公司数量规模可见一斑，这个数字远远高出欧洲、非洲和其他亚洲国家。

2.培生中国区全资子公司的经营特点

目前，培生在中国区开设的全资子公司包括：中国香港地区开设6家，占总数的32%；北京地区开设5家，占总数的26%；上海地区开设4家，占总数的21%；广东地区2家，占总数的11%；贵州地区1家，占总数的5%。

另外，还有1家考试培训中心。在多个地区均设有考试中心，故单独列出。目前，培生集团在中国区开设公司呈现出语言教育特色、职业英语产品类型和考试与测评评估技术性特点见表3-10。

表3-10　培生全资子公司中国市场统计表（2015年报归纳整理）

序号	公司	地区
1	北京国际教育科技有限公司	北京
2	北京华尔街英语培训中心有限公司	北京
3	天下精英教育科技（上海）有限公司	上海
4	广州新月软件有限公司	广州
5	NCS信息服务技术（北京）有限公司	北京
6	培生（北京）管理咨询有限公司	北京
7	培生（贵州）教育科技有限公司	贵州
8	培生英语（上海）软件技术有限公司	上海
9	培生育才（北京）技术发展有限公司	北京
10	上海AWL教育软件有限公司	上海
11	华尔街英语培训中心（上海）有限公司	上海
12	WSE培训中心（广东）有限公司	广州
13	教育资源（香港）有限公司	香港
14	伽玛-马斯特中国有限公司	香港
15	全球教育科技（香港）有限公司	香港
16	全球英语香港有限公司	香港
17	培生教育出版集团亚洲有限公司	香港
18	培生学习中国（香港）有限公司	香港

另外，在中国区培生还建立了5家合资公司。具体包括：2004年建立的思递波（上海）信息技术咨询有限公司，培生拥有50.69%的股权；重庆华尔街英语培训中心有限公司，培生拥有95%的股权；黑龙江华尔街英语培训中心有限公司，培生拥有95%的股权；北京大学培生（北京）文化发展有限公司，培生拥有45%的股权；培生教育（台湾）有限公司，培生拥有99.80%的股权。

（二）融入中国市场历程

1. 固化产品转移阶段

（1）英语作为敲门砖，注重本土化融入

"改革开放之后，英语学习成为中国市场的迫切需求，但英语教材仍然是空白，这就给以朗文为代表的培生产品进入中国提供了契机。朗文旗下《实用基础英语》《新概念英语》《朗文高阶英语词典》率先进入中国市场。这"三大件"树立了培生在中国的口碑，培生由此成为第一批进入中国市场的外国出版企业之一。

在进入中国市场时，培生集团首先采用固化产品转移策略。早期工作主要是版权销售，基本上是原版教材照搬。这可以扩大原有产品销售覆盖面，使经营利润最大化。但随着进入中国市场的经验积累，培生开始注重内容设计和资源运用的本土化策略，充分考虑中国市场的适应性和文化特性。

1997年培生与外研社合作推出新版《新概念英语》，是这套行销世界的老牌英语教材历史上唯一一次修订。其与人民教育出版社合编的《高中英语》（SEFC）系列结合了中国中学的实际情况。

培生集团与国内出版机构积极展开业务联系。截至2002年，培生教育集团与包括人教社、高教社、外研社在内的出版单位合作（包括版权交易），推出了不拘于英语的千余个品种的图书，累计创造了超过3.5亿元人民币的码洋。

从定价策略而言，培生教育出版集团本土化的策略也很灵活。2003年，培生教育集团通过北京办事处、英国图书部和美国图书部引进中国市场的计算机教材近300种，影印版教材占1/3。而培生教育基本是参考当地图书市场的价格来确定其影印版教材的定价，得到高校消费群体的认可。❶

培生与北京师范大学出版社合作的新课标实验教科书《初中英语》和《高中英语》（分别改编自培生原版Challenges和Opportunities），将学科知

---

❶ 海外出版巨头纷纷拟定中国市场攻略[N].中国新闻出版报，2009-01-05.

识、跨文化交流和21世纪技能培养等内容融入英语课堂。在高等教育领域，培生旗下的Prentice Hall和Addison Wesley等出版品牌，在中国合作出版了上千本涵盖商业、科学、人文社科和信息科技的教科书，比如菲利普·科特勒（Philip Kotler）的《营销管理》、菲利普·津巴多（Philip George）的《心理学与生活》、菲利普·李普曼（Stanley B. Lippmann）的《C++ Primer》等，被国内高等院校及研究机构广泛应用。❶

（2）注意产品类型迭代

培生集团在教材开发、培训服务、评估认证等领域注意在中国市场产品种类和技术性开发的迭代。

在教材开发方面，培生集团注意向K12市场拓展，并配合新型STEM教育理念。由于中国市场在其海外市场中的重要地位，其在2016年向中国提供全球首发教材和学习课程。例如，2016年8月，推出Big Science系列教材，它是培生Big English和Big Fun系列的组成部分，主要针对6~12岁的初级英语学习者，提供英语+学科类内容产品。

随着新技术的应用，互联网在线教育类型产品竞争较为激烈。培生在2016年1月，在中国提供全球首发的儿童英语学习课程Poptropica English。其主要面向6~12岁小学阶段儿童，以Our Discovery Island卡通形象为故事主角，采用课堂与在线相结合的混合式教学，配套促学评估AFL系统。

在英语成人培训市场，2016年培生集团旗下的华尔街英语（中国），也升级了21世纪新课程体系，全新"Make it Big"课程是包括丰富视听资源和学习跟踪效果的课程系统。

2015年起我国教育政策不断提倡STEM/创客教育。STEM课程涉及科学（Science）、技术（Technology）、工程（Engineering）和数学（Mathematics）四个学科领域。越来越多的跨国公司开始瞄准中国市场。❷

---

❶ 合作出版.培生中国［EB/OL］(2015-08-19)［2018-02-01］.http://www.pearson.com.cn/about/co-pub.html.

❷ 专访 | 培生中国教育产品战略总监:期望做出STEM行业标准.［EB/OL］(2016-08-03)［2018-02-01］.http://mp.weixin.qq.com/s?__biz=MzA4MzI5MDAyNg==&mid=2651196923&idx=2&sn=fc3cd40ba57d2c2848703631722f05e9 &scene=1&srcid=09147JYgGUe6ciWq3OEeoMPU#rd.

培生2015年年报显示：在2007年至2011年之间，STEM专业在美国增加了48%。目前，大约40%的男大学毕业生和29%的女大学毕业生获得了STEM学科学位。

培生多年前已在美国等地开展STEM教育，2014年准备开拓中国。Project STEM是培生集团面向中、小学阶段学生提供的一套前沿的教学解决方案，不仅涵盖了四个学科领域，还融合18个主题的课程设计。在做前期调研和产品设计过程中，充分考虑到中国市场的特殊性，注重延续"本土化"策略。

在教材开发方面，没有直接沿用国外教材，而是根据中国区域特点重新开发。2015年9月，培生进入张家港实验小学以及深圳的两所学校，了解实际需求。在教材使用实验和改编过程中，国内老师反馈了很多问题。例如原地震章节讲解以美国地貌为案例背景，但研发团队修改为汶川大地震情景案例。

在开发教材基础上，积极同步研发STEM评价体系与标准。培生教育集团中国区产品战略总监Joe Lam谈到，目前沿用经过简单改编的海外标准，但已经聘请北京师范大学、华东师范大学等校的教育专家作为顾问和培生一起确立中国的评价体系与标准。

师资培训将分为三个层级，第一层让教师了解培生的STEM课程体系；第二层培养教师在STEM课程中发展学生创新思维的能力；第三层培养教师自主研发STEM课程的能力。

在中国区域市场选择路径方面，基于目前中国教育培训市场的竞争格局，以三四线城市公立学校开发为先导，再带动一二线城市市场的反向市场渗透。

2.B2C/B2B市场开拓情况

（1）资本并购，进入C端中国市场

培生集团在开拓中国教育产品市场过程中，从2008年至今，主要通过资本收购的方式，建立中国实体英语培训机构提供语言培训服务，开拓直接面向C端的市场。

例如，2008年5月底，培生集团通过购股形式进入上海乐宁进修学院和北京戴尔国际英语学校，作为进入中国教育市场的第一步。

◄◄◄ 第三章 典型跨国企业全球化路径分析

2009年培生集团宣布以1.45亿美元现金向全球私募投资公司凯雷集团收购在北京和上海等地已拥有27家分校的华尔街英语。

2011年培生集团以2.94亿美元收购美股上市的中国企业环球教育，收购后，环球教育成为培生的全资子公司，并完成私有化退市。

2012年培生集团组建大中华区，作为全世界第三大业务区。

截止到2015年，华尔街英语在中国的11个城市开设了66家培训中心，在校学员人数6.6万人；环球教育则拥有位于19个城市的118家直营学习中心和覆盖181个城市的279家加盟培训点，2014年培训学员有17万人次。二者的营收合占中国总体营收的76%。

截止到2016年12月，华尔街英语在中国的11个城市开设了72家培训中心，较上一年度有较大幅上升。

（2）搭建内容型平台，开拓线上C端市场

综观培生在全球开发的数字化产品服务，已渐渐转向内容型服务平台的搭建。例如，培生目前搭建的My Lab，按科目分为My English Lab、My Math Lab等，My English Lab细分为My IELTS Lab、My TOEFL Lab、My Grammer Lab和My Writing Lab。

培生在My English Lab教学平台上上线30个产品，包括Top Notch 3e和Progress。My TOFEL Lab和升级版的My IELTS Lab也成功在华尔街英语和环球教育上线。目前，全球注册My English Lab以及旗下其他英语学习平台的学生人数达到73.9万人，增长14%。[1]

培生积极在全球推动教育科技项目孵化器Catalyst，在部分区域市场投资并购在线教育创业公司，比如仅在印度市场，培生就投资了数十家创业公司。但中国市场，其在线教育开拓并没有采用较为积极的市场策略。由于缺乏在线教育市场的品牌认知度和在线学生学习反馈数据，其在线产品

---

[1] 培生2015财报详解：环球雅思学员数下降6.5%[EB/OL]（2015-08-03）[2018-02-01].http://www.yidianzixun.com/n/0DhJkKFg?utk=4kk9kpd6&appid=yidian&ver=4.3.3.11&f=ios&s=9.

和中国其他在线产品相比,存在着一定发展障碍。❶从2015年开始,中国在线市场出现大幅增长趋势,在培生现有内容型平台中,垂直填充和转化中国在线教育服务,必将成为下一个精耕市场领域。

(3)开发STEM项目,落地新型B端机构市场

自2015年9月以来,培生STEM项目在张家港实验小学三年级和五年级中各选取一个班级进行培生STEM课程试教,包含两个项目——《设计喂鸟器》和《制造肺活量计》。

培生负责提供教学教研资料、课程建设咨询和教师培训等服务。在2016年5月12日,培生STEM项目在张家港实验小学举行了学术研讨会。张家港实验小学为与会嘉宾安排一节三年级实验班的STEM示范课。通过画报形式展示交流每个小组对于肺活量计的设计方案。❷

2016年8月17日,优成长教育公司和培生集团联合北京市八一学校开展了STEM教师培训暨新学年STEM课程启动仪式。这是培生STEM课程首次在北京公立学校落地。

优成长教育公司总经理章炜介绍他们与北京师范大学合作,开展了"STEM校本课程教学指导及应用能力指标研究与评估"的课题研究;并以"校内外STEM教育合力提升青少年核心素养"为课题,申报了北京市课外、校外教育"十三五"规划课题。❸

---

❶ 培生转型:或成国内内容型产品潜在买家[EB/OL].(2016-05-03)[2018-02-01].http://mp.weixin.qq.com/s?__biz=MjM 5MzE3OTgyMQ==&mid=204957213&idx=1&sn=6d9eb89ff85059a315fce9ac19390ba8&scene=1&srcid=0 914YXa8CfAJ3ZXNLvhNYhrk#rd.

❷ 培生首个STEM课程落户张家港实验小学[EB/OL].(2016-08-19)[2018-02-01].http://mp.weixin.qq.com/s?__biz=MzAxMTU4NzU3Ng==&mid=2651409013&idx=3&sn=d24bdae3f3750e3103bde4e66f7e0f59&scene=21#wechat_redirect.

❸ 培生联手北京公立学校打造课程化STEM教育[EB/OL].(2016-01-08)[2018-02-01].http://mp.weixin.qq.com/s?__biz=MzAxMTU4NzU3Ng==&mid=2651410285&idx=2&sn=a10d5b699f0f7e1e298699d288f85c7f&scene=1&srcid=09 14B9TXmMUOsucFPI4Va1ON#rd.

培生集团积极与中南传媒、天闻数媒展开数字教育合作,❶并努力争取与更多合作机构共同开发这类产品。

3.本土化机构运营情况

(1)华尔街英语(中国)

从公司管理层来看,注重本土化人力资源的挖掘,9位管理层领导中,有5位是华裔。

2009年培生收购华尔街英语后,一方面,以成人英语培训为核的资源优势为基础,向细分化的英语服务需求拓展,开发商务型英语培训、拓展通识类应用型等课程;另一方面,积极地开发新技术应用型课程体系,包括免费移动端学习软件(WSI Tools)和学英语App(提供情景互动课程-Make it Big)见表3-11。

在营销互动方面,利用微信服务号,搭建移动式互动课堂和互动社区。利用第三方电商平台,提供天猫手机端课程售卖服务。

表3-11 培生旗下华尔街英语(中国)重要运营举措(综合整理)

序号	年份	举措	产品/服务
1	2009年	收购华尔街英语	英语教育培训
2	2010年	免费的英语学习软件——iPhone/iPad英语学习宝(WSI Tools)	移动端数字软件
3	2010年	华尔街英语(中国)引入《哈佛管理大师》职场提升课程	商务管理培训
4	2012年	开发职场英语课程	职业英语培训
5	2013—2015年	投资"世界级用户体验计划"	线上英语培训产品及工具的升级,更包括线下学习中心的全面改造
6	2015年	"华尔街英语轻松学"微信服务号	移动式课堂
7	2015年	推出升级版的课程套餐NSE(New Student Experience)	课程体系
8	2016年	学英语APP	好莱坞美剧式的情景互动课程"Make it Big"的在线学习

---

❶ 互联网+教育不光要看技术[EB/OL](2016-01-08)[2018-02-01].http://mp.weixin.qq.com/s?__biz=MzAxMTU4NzU3Ng==&mid=401345272&idx=7&sn=38bbf518da9ce6999b3ef374cbbe625a&scene=1&srcid=0914 IMMG GapMuWQrpR5ttNrX#rd.

续表

序号	年份	举措	产品/服务
9	2016年	华尔街英语手机端课程 WSE GO 现身天猫	手机端英语学习软件
10	2016年	全面升级21世纪新课程，推出了全新多媒体课程 Make It Big，华尔街英语学习系统的 dashboard	课程体系
11	2016年	华尔街英语携手淘宝教育 试水英语培训行业 O2O	淘宝教育和华尔街英语的营销合作

截至2016年12月3日，华尔街英语（中国）学习中心共分布11个城市，共有72个学习中心。其中，北京地区共有19家学习中心，上海地区共有17家、深圳地区10家、广州地区10家、天津地区5家、杭州4家、青岛、南京各2家，苏州、无锡、佛山各1家见表3-12。

表3-12 华尔街英语（中国）学习中心分布情况（综合整理）

序号	地区	学习中心	数量
1	北京	国贸中心	19
		金融街中心	
		大望路中心	
		东方广场中心	
		远大中心	
		海淀黄庄中心	
		公主坟中心	
		东方银座中心	
		西直门凯德MALL中心	
		清华科技园中心	
		望京中心	
		欧美汇中心	
		崇文门中心	
		上地中心	
		马家堡中心	
		酒仙桥中心	
		蓝色港湾中心	
		凤凰汇中心	
		华尔街英语北京企业培训中心	

续表

序号	地区	学习中心	数量
2	上海	金茂中心	17
		梅龙镇广场中心	
		新天地中心	
		徐家汇中心	
		虹桥中心	
		人民广场中心	
		虹口中心	
		五角场中心	
		中山公园中心	
		南丹路中心	
		莘庄中心	
		张杨路中心	
		正大广场中心	
		万航渡路中心	
		静安寺中心	
		宜山路中心	
		打浦桥中心	
3	深圳	科学馆中心	10
		南山中心	
		CBD 中心	
		金光华中心	
		车公庙中心	
		华强北中心	
		世界之窗中心	
		太古城中心	
		KK Mall 中心	
		深圳企业培训中心	

续表

序号	地区	学习中心	数量
4	青岛	中环广场中心	2
		黄金广场中心	
5	天津	世纪都会中心	5
		友谊精品广场中心	
		新安购物广场中心	
		塘沽中心	
		奥城中心	
6	广州	天河财富广场中心	10
		荣建中心	
		公园前中心	
		海珠中心	
		体育西中心	
		荔湾中心	
		番禺中心	
		天河北中心	
		珠江新城中心	
		太阳新天地中心	
7	杭州	延安路中心	4
		武林广场中心	
		庆春路中心	
		湖墅路中心	
8	南京	新街口中心	2
		上海路中心	
9	苏州	观前街中心	1
10	无锡	崇安寺中心	1
11	佛山	东方广场中心	1

根据查阅华尔街英语（中国）官网，我们发现，除了对个人客户提供培训服务之外，它还为企业和机构提供培训服务。表3-13显示共有25家机构曾使用过相关培训服务产品。

表3-13　华尔街英语（中国）企业和机构培训客户情况

序号	机构客户
1	北银消费金融公司
2	中国国家认证认可监督管理委员会
3	中国中化集团公司
4	AAB（中国）有限公司
5	中国人民银行
6	中国民生银行
7	中国惠普有限公司
8	中国大饭店
9	中共中央对外联络部
10	一汽丰田汽车销售有限公司
11	维斯塔斯国投公司
12	国家教育部
13	国家商务部
14	索爱移动通信产品（中国）有限公司
15	东方航空股份有限公司
16	商船三井（中国）有限公司
17	摩托罗拉（中国）电子有限公司
18	国家民航总局
19	国家开发银行
20	国家广播电影电视总局
21	丰田汽车（中国）有限公司

续表

序号	机构客户
22	杜邦中国集团有限公司
23	毕马威华振会计师事务所
24	北京外企人力资源服务有限公司
25	百威（武汉）国际啤酒有限公司

可以说，华尔街英语的企业机构培训服务，呈现出细分化与定制化的特点。服务对象，涉及教育领域、企业领域、国家行政机构领域和媒体领域。

具体而言，2010年7月华尔街英语（中国）向教育部捐赠800万的英语培训课程，用于国内9个主要城市的中学英语教师和教育行政管理者进行为期五年的英语培训。

2010年华尔街英语与上海市委组织部合办的领导干部项目，合作将持续8年。2010年华尔街英语为国家发改委量身定制个性化的语言能力提升方案。

2011年6月2日，华尔街英语成为上海公安民警英语培训合作伙伴。2014年7月大鹏公安分局与华尔街英语共同举办的"展翅"警务英语培训班。2014年华尔街英语为佛山电视台量身制定为期两个月的新闻报道英语培训。

（2）环球教育（环球雅思）

2011年11月环球雅思以2.94亿美元被英国培生集团收购。当时，环球雅思占据了约60%的市场份额，以54.4%的关注度位列雅思品牌关注度第一；新东方当时位列第二，关注度仅16.5%。

从官网中，可查询到环球教育提供包括环球雅思、环球托福、环球游学、环球留学、GRE/GMAT、SAT/SSAT、环球图书等服务项目。

环球教育目前旗下品牌：包括环球教育官网、环球五湖留学、环球全封闭寄宿学院、环球北美考试院、环球在线、卓尔英才图书、国际游学（冬夏令营）、环球朗文少儿英语、疯狂科学儿童俱乐部和环球青少儿国际英语。

为适应数字化、网络化用户需求,其依次开发了相关应用,包括环球教育App、雅思君App和美国高中排名App。目前,在中国123个地区设立学校,在6个海外区域开设培训机构,见表3-14。

表3-14 环球教育中国分校

A 安阳 安庆 澳门 B 北京 保定 蚌埠 滨州 C 成都 长沙 长春 重庆 常州 沧州 朝州 慈溪 长治 D 大连 东莞 德州 达州 德清 F 佛山 福州 抚顺 阜阳 富阳 G 广州 高邮 桂林 H 杭州 合肥 邯郸 惠州 淮安 衡阳 海口 哈尔滨 湖州 呼和浩特	J 济南 嘉兴 晋城 江门 晋中 锦州 九江 济宁 焦作 金华 K 昆明 昆山 L 洛阳 辽阳 漯河 连云港 聊城 莱芜 临沂 兰州 M 马鞍山 牡丹江 绵阳 N 南京 南通 宁波 难以南昌 南宁 P 平顶山 盘锦	Q 青岛 秦皇岛 泉州 R 日照 如皋 S 上海 深圳 沈阳 苏州 绍兴 石家庄 汕头 顺德 商丘 上饶 T 天津 太原 塘沽 台州 泰安 铜陵 W 无锡 武汉 温州 潍坊 芜湖 威海 乌鲁木齐 X 西安 厦门 邢台 徐州 新乡 许昌 西宁	Y 岳阳 扬州 义乌 宜宾 银川 王林 烟台 余姚 宜昌 营口 鹰潭 盐城 宜春 Z 郑州 中山 珠海 镇江

近年来随着改革开放的进程不断推进,越来越多的中国学生选择出国接受教育。据教育部统计数据,到2015年年底,我国累计出国留学人数达404.21万人,年均增长率19.09%。其中,2015年有52.3万人,比10年前增长了290%。

《2016中国学生国际流动性趋势报告》指出中国已是全球低龄留学生的主要生源国,中国留学生分别占美国、英国、加拿大和澳大利亚海外留学生生源的32.3%、15%、31.2%和48.9%。

近些年来留学需求旺盛带来了留学语言培训市场的利好趋势。但另一方面,国际考试培训机构和国内建立的培训机构大量涌现,并且个人用户对线上服务要求日益迫切将影响现行国内英语培训产业的竞争格局,并对线上线下产业线重组能力提出更高要求。

据培生集团2015年年报数据显示,2015年环球教育(即"环球雅思")

实现了营收上的增长，但是随着定位更多转向深入的高级课程、小班教学和一些新产品，导致注册学员数下降了6.5%，共85110人。而2014年环球雅思的学生注册人数增长了7%。从2013年开始环球雅思的高管与名师相继出现大量出走现象，一定程度上影响了其人力架构和市场拓展稳定性。❶

（3）考试评估认证业务

培生国际认证是培生的重要业务部门，其主要业务是提供世界水准的学术、应用学习以及职业技术证书和考试，在全球范围向学校和学生提供爱德思Edexcel、BTEC、LCCI等全球通行的学术和职业资格证书，以及PTE、Pearson VUE等多样化的考试测评服务，助力全球的学习者升学或就业见表3-15。

表3-15 培生国际认证证书体系

英语国家证书体系	英语高等证书框架	培生国际资格证书体系			培生英语测试体系	
		EDEXCEL	BTEC	LCCI	PTE	
7级	M（Masters）硕士学位 研究生证书/文凭		七级管理类证书	BTFC 短期课程	PTC Genetal PTE通用英语考试 3~5级	PTC Academics PTE学术英语考试（适用于出国留学及移民类语言考试）
6级	H（Honours）学士学位 本科证书/文凭		六级管理类证书	LCCIG一至四级		
5级	（Intermediate）预科学位 国家高等教育文凭		五级国家高等教育文凭和证书（HND）			
4级	C（Certificate）C级高等教育证书		四级专业证书（HNC）			

---

❶ 互联网"袭击"线下教育，环球雅思一年少8万学员面临寒冬［EB/OL］（2016-11-02）［2018-02-01］.http://m.k618.cn/ydzx/ori/201611/t20161102_9360030.html.

续表

英语国家证书体系	英语高等证书框架	培生国际资格证书体系			培生英语测试体系
		EDEXCEL	BTEC	LCCI	PTE
3级/16+岁	GCF A lvels/TAI 中学高级水平证书	三级证书	BTFC 短期课程	LCCI 三级	PTF通用英语考试 2级	PTC Academics PTE学术英语考试（适用于出国留学及移民类语言考试）
2级/14~16岁	GCSE/LGCSE 普通中等教育证书	二级证书（ND）		LCCI 二级	PTF通用英语考试 1级	
1级/12~14岁	Lower Secondary Curriculum 中学课程	一级证书			PTF通用英语考试 A1级	
预备级/8~11岁	Primary Curriculum 小学课程	预备级证书		LCCI入门级	PTF Young learners PTE少儿英语考试（6~13岁）|

培生提供的证书认证体系囊括英语高等证书框架、培生国际资格证书体系和培生英语测试体系，涉及英语国家证书体系级别预备级到7级，涉及认证体系对应服务对象年龄为6~16岁及以上。

其中，培生爱德思为超过80个国家和地区的170多万人提供国际考试认证服务。培生爱德思已授权全球5400多所学校、机构和企业开展爱德思系列考试或培训业务。培生爱德思学术证书课程在国际上主要包括GCE-A Levels/IAL、GCSE/International、GCSE以及PLSC课程见表3-16。

表3-16 爱德思主要颁发学术证书

英国国家证书体系级别	对应中国学生年龄	培生国际资格证书体系
3级	16岁以上	英国中学高级水平证书 GCE A LEVEL S /IAL
2级	14~16岁	英国普通中等水平证书 GCSE/INTERNATIONAL GCSE

续表

英国国家证书体系级别	对应中国学生年龄	培生国际资格证书体系
1级	12~14岁	英国国际中学课程 LOWER SECONDARY CURRICULUM
预备级	8~11岁	英国国际小学课程 PRIMARY CURRICULUM

以普通中等水平证书资格认证考核（Edexcel GCSE）为例，其采用1~9分级量表。截至2015年夏，共有大约19000位学生参加普通中等水平数学及英语资质证书的培训课程。培生在全球拥有约100个中心，按区域划分学员注册数：培生拥有超过3000个亚洲合作伙伴，超过2500个欧洲合作伙伴，在中国地区注册学员超过2000人，在印度地区注册学员超过100人。

爱德思A Level中心在中国华北地区、华东地区、华南地区、华中地区、西北地区、西南地区和东北地区63个城市和地区开设164家学习中心。其中，华东地区开设数量最多为65家，其次是华南地区31家，华北地区位列第三开设22家，华中、西南、东北次之，西北地区仅开设5家见表3-17。

表3-17 培生爱德思学习中心中国分布情况

序号	地区	城市	数量（家）	合计（家）
1	华北	北京	14	22
		呼和浩特	1	
		太原	3	
		天津	4	
2	华东	无锡	1	
		靖江	1	
		晋江	1	
		南昌	2	
		台州	1	
		苏州	3	
		临沂	1	

续表

序号	地区	城市	数量（家）	合计（家）
2	华东	漳州	1	65
		常州	1	
		东营	2	
		福州	1	
		杭州	4	
		合肥	3	
		湖州	1	
		济南	1	
		江阴	1	
		胶州	1	
		聊城	1	
		南京	6	
		南通	1	
		宁波	5	
		青岛	3	
		厦门	1	
		上海	20	
		泰安	1	
		诸暨	1	
3	华南	东莞	2	31
		佛山	2	
		广州	9	
		海口	1	
		江门	1	
		汕头	1	
		深圳	11	
		中山	2	
		珠海	2	

109

续表

序号	地区	城市	数量（家）	合计（家）
4	华中	汉中	1	17
		新乡	1	
		荆州	1	
		郴州	1	
		衡阳	1	
		上饶	1	
		青岛	5	
		宜昌	1	
		长沙	2	
		郑州	3	
5	西北	吴忠	1	5
		奎屯	1	
		兰州	1	
		西安	1	
		榆林	1	
6	西南	成都	9	12
		六盘水	1	
		邛崃	1	
		重庆	1	
7	东北	大庆	1	12
		丹东	1	
		大连	4	
		哈尔滨	4	
		沈阳	2	
总计	全国	全国	164	164

PTE学术英语考试是培生集团于2009年推出的基于计算机英语的测试。澳大利亚和新西兰的高校一致认可PTE学术英语考试，英国98%的院校，加拿大65%的院校，美国超过1000所机构及项目都已认可PTE学术英语考

试成绩。这意味着，PTE学术英语考试成绩已获得主要留学国家中超过70%院校和机构的认可。2015年，PTE中国考生人数较2014年增长了2倍，而截至2016年3月，PTE中国考生人数同比增长已超过300%。PTE学术英语考试已成为出国语言考试市场的新宠。❶

英国、印度、澳大利亚、土耳其、尼日利亚、中国、马来西亚、阿联酋和印度尼西亚9个国家和地区均设置PTE考场。培生在中国的11个地区设置考场，包括北京、长沙、成都、大连、广州、哈尔滨、济南、南京、上海、西安和厦门。其培训与测试结合线上线下平台资源，具有丰富的视音频资料和数字化格式的辅助材料。在配套产品销售渠道建设过程中，注意与主流电商平台的合作和自建渠道相结合，例如与亚马逊和天猫合作，充分运用自有渠道"环球卓尔英才图书在线平台"。

LCCI职业课程进入中国已有十几年历史，与中国教育部考试中心、中国劳动和社会保障部职业技能鉴定中心密切合作，目前在中国有20多家考试中心。LCCI分别在北京、上海和广州设有办公室，支持现行项目的开展，并在全国建立广泛的教育和培训项目。

（三）利益相关者协同策略

培生集团在开拓中国市场过程中，非常注意采取利益相关者协同策略。

1. 出版机构和国内企事业单位

根据不同时期的战略需求，建构分层级、渐进式的协同策略。早期固化产品转移阶段，与出版机构建立良好的合作关系；在本土化组织群建构过程中，与英语培训机构、教师群体、行政部门、大型企事业单位积极展开合作。

例如，在2008年和2010年作为奥运会和世博会英语培训资助机构，通

---

❶ 教育行业聚会揭秘留学新宠PTE[EB/OL]（2016-03-18）[2018-02-01].http://mp.weixin.qq.com/s? scene=23&mid=403236631 &sn=b8417b96155b063f08fafbdb1decfe25&idx=3&__biz=MzAxMTU4NzU3Ng%3D%3D&srcid=11131ecU zBcMjgWbwNmLihRT&mpshare=1#rd.

过提供大型赛事活动公益服务，提升品牌认知度和美誉度。

2015年9月8日培生集团和中南出版传媒集团股份有限公司签署一项战略合作框架协议，在基础教育教材教辅、数字教育产品及国际教育等方面进行战略合作。[1]

2.教师群体

针对教师群体，将产品推广与教师资源开发整合在一起，通过连续多年组织"朗文小学英语教学大赛""A Level"教师培训计划和"教师夏令营活动"，将教材和课程体系使用反馈情况和教授方的能力培养充分结合在一起，以评奖和培训激励方式提升教师群体的能力附加值和认同感，从而提高其积极性。

3.公立学校、国际学校和其他培训学校

最新数据显示，包括公立学校国际班、私立国际学校及外籍国际学校在内，我国国际学校数量已达597所。川渝地区已成为仅次于北、上、广及江浙地区外拥有国际学校数量最多的地区。

针对公立学校、国际学校和其他培训学校，培生采用"SIVA"关系营销策略，通过校园开放日、国际教育研讨会和推介会形式，释放教学内容和国际认证价值信息，促进形成行业共识和行业标准，一揽子提供课程价值、应用前景和配套解决方案信息。

2015年12月，培生爱德思联合成都墨尔文学校，举办首届中国西部国际教育交流研讨会。来自成都、重庆、西安、兰州等中西部地区的16所国际学校的校长、代表，就如何帮助学生更好地适应国际课程的学习方法、国际课程如何进行本土化调整进行讨论。2016年1月，来自成都牛津国际公

---

[1] 强强携手共同推进中国数字化教育——培生集团和中南传媒签署战略合作框架协议.[EB/OL]. (2015-09-10)[2018-02-01].http://mp.weixin.qq.com/s?scene=23&mid=209456213&sn=d6d5b069a8590c1842b5c0e361bca327&idx=6 &__biz=MzAxMTU4NzU3Ng% 3D% 3D&srcid=1113tkk2QjlAPvQ3Uyiy7GdZ&mpshare=1.

学、成都墨尔文公学、成都孔裔国际公学等10所西部地区爱德思授权中心的30多位代表参与中国西部国际教育交流活动第二站活动。❶

培生集团曾在大连海洋大学、珠海一中附属实验学校、北京澳际国际学校举办过A Level开放活动日。

针对留学低龄化趋势，2016年10月，培生爱德思中小学级别课程PLSC（International Primary and Lower Secondary Curriculum）在北京和上海举办推介会。

近3年来，针对少儿群体的实体绘本馆或阅读馆，在国内阅读市场上形成较高关注度。其发起主体有出版公司、实体书店、公益图书馆和社区等，但由于受到理念、规模、场地等多种因素影响，并没有形成较为稳定的市场结构，目前，暂时处于一个广泛竞争阶段。

从2014年7月开始，截至2015年7月10日，通过各种方式获得信息的绘本馆有2805家，其中448家已停业，509家失联，联系上并持续营业的有1848家。粗略估计全国绘本馆应该在2500家左右。

地区分布：大陆地区31个省、市、自治区，除西藏外都开办有绘本馆。其中超过100家的省市有山东、河南、河北、北京、广东、江苏和山西，西北地区馆较少。存活下来的绘本馆经营状况也不好，根据抽样调查，有盈利的不足20%，而且多是微利；能保本的也只有20%，60%的处于亏损状态，持续经营存在困难。❷

培生集团拥有广泛的少儿英语书籍资源，对于当下阅读馆新型服务模式，开始以此为"卖点"拓展学校等机构市场，精选1600多套来自培生全球的前沿原版读物，在2016年8月的阅读馆升级方案中还包含了图书借阅系统、测评系统以及读书报告系统的升级，这也将为培生积累实体阅读市

---

❶ A Levels | 国际学校强强联手爱德思课程[EB/OL].(2015-12-18)[2018-02-01].http://mp.weixin.qq.com/s?scene=23&mid=401091607&sn=fc3e34a25b990a0a681732e80a6bdf32&idx=4&__biz=MzAxMTU4NzU3Ng%3D%3D&srci d=1113ZNfMv7PoIlw4ZD6iQocl&mpshare=1#rd].

❷ 刘红,王旭平.全国2500家绘本馆的生态地图[EB/OL].(2015-08-11)[2018-02-01].http://mp.weixin.qq.com/s?__biz=MjM5OTU5MDYyMw==&mid=207721340&idx=1&sn=6b3bd8283a9c229d2d0d7d53360a5572&scene=21 #wechat_redirect.

场数据提供前提基础。

另外,培生集团还通过合作与资本运作方式,增补其在中国在线教育市场中的影响力。2016年3月,培生和小站教育、51offer等机构组建PTE俱乐部,共同促进国内用户对PTE认证市场的认同度。

4.电商平台

目前,在中国图书电商平台中,亚马逊、京东、天猫、当当等四家综合排名靠前。而近两年来,京东和天猫在图书电商市场拓展策略方面,积极布局。培生从现有电商格局出发,积极与主要行业引领者建立合作关系。

2016年1月,培生集团与京东大客户部达成合作协议,通过京东慧采平台(VSP)实施集团日常办公用品电商化采购。培生集团旗下两大子品牌,其学习中心遍布全国各个省市,传统采购方式在产品价格、规格、质量、需求等各方面均不统一,造成培生集团在采购管理方面难以进行集中化管理,采用该系统可达成统一调配,合理化采购布局、降低采购成本。[1]

2016年4月天猫培生授权旗舰店(Pearson.Tmall.com)上线,瞄准年轻读者,提供千种原版精品教材一站式服务。培生实行统一价格管理,保证分销商公平环境;并提供产品统一价格以及分销专员对接管理服务。在等级晋升方面,提供更多的优惠与奖励政策。而在2016年的图博会上,天猫培生授权旗舰店第二次对外招募二级分销商,并在培生展位,提供洽谈平台。[2]培生还在京东平台建立原版旗舰店,截至2016年12月4日,共上线818个产品,640人关注。

5.其他合作渠道

(1)既有产品的"借势优化"策略——牵手词典类App

智能终端应用中词典类App近几年来发展迅速,是翻译市场和培训市场

---

[1] 培生集团引入京东慧采平台引领教育培训行业采购电商化[EB/OL].(2016-01-04)[2018-02-01]. http://mp.weixin.qq.com/s?__biz=MzA5ODM1MzkxNw==&mid=404094962&idx=1&sn=9440fb598fd17ecdeeeeb9d3979bca98&scene=1&srcid=0914pm60v5ng6uDZiN2Bf01C#rd.

[2] 下一个培生天猫伙伴,会是你吗[EB/OL].(2016-08-19)[2018-02-01].http://mp.weixin.qq.com/s?__biz=MzAxMTU4NzU3Ng==&mid=2651410285&idx=6&sn=ac07a4362295506b86168cafdb8677aa&scene=1&srcid=09 14tSwKDiJIWjHVnoWa2vsl#rd.

的重要结合点,也是典型的语言类学习数字化转型产品。用户规模、词汇收录覆盖面、翻译准确度等因素都必将影响这类产品用户使用的广度与深度。

基于上述原因,2016年10月12日网易有道召开发布会,其词典线上用户人数突破6亿大关,为更好地提供服务,引入正版《朗文当代高级英语辞典》(第5版)作为其词典内核。作为培生旗下经典产品,从1978年第1版到第5版,《朗文当代英语辞典》创造了销售数百万册的记录。利用《朗文当代英语辞典》可实现有道词典约60%的词汇释义优化,即每天2.4亿次单词且显示更优的释义结果;能够提供详细释义和简明释义两种版本,满足英语初学者和高阶学者的不同需求。

在有道词典6亿用户中,60%以上是高收入高学历的现在或未来中产阶级。[1]这种强强合作的方式,一方面,将更有效地延伸经典产品《朗文当代英语辞典》的生命周期;另一方面,形成"借势优化"的新型数字化产品,成本低、收益转化速率快,并可强力附着新渠道方优质客户群体,快速迭代出产品附加值。

(2)媒体策略运用

网站建设方面:培生中国官方网站Pearson.com.cn,在2016年11月进行了改版。在网页栏目设计上,将培生中国产品主线分栏目展现,涵盖英语教育、K-12学科教育、高等教育内容,在国际认证和学习中心更将认证体系和两大主线业务囊括其中。

社交工具运用方面,培生集团在新浪微博中设置了机构号、产品号、员工号三种类型账号,但从目前观测来看,培生集团在微博平台的运营情况不佳,在社交工具选择上已转战其他社交平台。

培生Pearson(培生教育出版官方微博)隶属于培生教育出版亚洲有限

---

[1] 有道词典内核:《朗文当代英语辞典》[EB/OL](2016-10-13)[2018-02-01].http://mp.weixin.qq.com/s?srcid=1113DxIsJws3KZP248Prljcg&scene=23&mid=2651410714&sn=21efc74746bceea3b18d117be2769164&idx=1&__b iz=MzAxMTU4NzU3Ng%3D%3D&chksm=80432b8db734a29b6839ee1a463c11751115aff532b4e4f459fdc7 0f675c17b33068a2766901&mpshare=1.

公司，从2011年7月开始发布相关微博，最新发布时间为2011年9月26日，共发布微博61篇，粉丝数1973人。培生（北京）咨询有限公司开设"培生职业资格证书"微博，最新更新日期为2014年12月26日，共发布微博8043篇，粉丝数26719人。另外，还有培生朗文少儿英语、爱德思A Level等产品线微博，但最新更新时间均停留在2014年左右。培生集团工作人员也在新浪微博中开设相关账号，例如语言考试中心销售主管微博。

培生中国开设"培生教育"微信公号和"培生授权天猫旗舰店"微信公号。"培生教育"系培生（北京）管理咨询有限公司于2015年7月10日开设。除此之外，培生旗下两大品牌下设机构设立较多微信公号进行业务宣传，例如，截至2016年12月4日，环球雅思宁波学校公号，WCI值为404.75，等价活跃粉丝数1600；海口环球雅思学校公号，WCI值为235.62，等价活跃粉丝数1000；潮州环球教育公号，WCI值为191.15，等价活跃粉丝数1080。

培生国际教育、培生高等教育、培生全球国际教育资源Pearson、培生国际等公号均因发布数量少、更新不多，没有相关测量数值。2015年2月5日，华尔街英语推出"华尔街英语轻松学"微信服务号。

视频化策略方面，培生集团也在优酷视频平台建立自己的自媒体频道。例如，培生集团市场部推出的"培生教育"频道，从2015年2月10日开始截至2016年12月4日，共发布187个视频，视频播放次数350万，但粉丝数仅有83人。视频播单共有5个，包括2015培生第二届新朗文小学英语教学大赛视频45个，共播放7812次；Kids Corner示范课视频23个，共播放1055次；Tot Talk示范课视频26个，播放次数2次；朗文英语直通车配套服务视频4个，播放22次；Big English Big Fun教师培训视频7个，播放次数3次。

培生朗文天天读频道，从2013年10月22日至2014年7月7日共发布视频32个，视频播放3725次，粉丝数仅为11人。

培生多趣探索课程频道，从2016年2月16日至今，仅发布视频4个，视频播放仅45次，粉丝数为0。

培生国际证书资格认证频道，从2014年6月23日至2014年8月12日，共发布视频7个，视频播放数3.6万次，粉丝数为7。

在上述4个优酷自媒体频道中，2个处于停更状态，普遍粉丝订阅量较低。

App开发方面，以IOS系统为例，可查找到培生卓越版（卓越版教材资源整合）、培生AR（3D教材）、北京环球天下教育科技有限公司推出的雅思君和环球教育学院服务和环球教育学院服务教师端App、华尔街英语、华尔街英语听力大全、华尔街英语教师口语培训、学英语等App。

在与媒体合作开展活动营销方面，培生集团旗下华尔街英语近3年来表现较为突出，2014年至今，在与纸质媒体、电视栏目和微电影制作方面均有积极合作尝试。

纸质媒体合作方面，2012年4月起，扬子晚报、南京市文明办和华尔街英语联合开设"百万市民学英语"专栏，这一栏目持续3年，为南京市民提供了近千篇生动有趣、话题广泛的原创英语文章。

2016年起，《扬子晚报》与华尔街英语共同策划，对这一栏目进行了全新升级，计划每周推出一次。《旅行西洋经》栏目内容不仅停留在纸面上，还可以登录优酷网，同步收看相关视频内容。

微电影方面，华尔街英语策划拍摄《语过添情》教育型情感微电影，讲述职场新生屡遭魔鬼上司刁难英语水平成功逆袭的故事，在深圳南山区微电影大赛中获得了"最佳美术"殊荣。

电视栏目合作方面，2014年6月，华尔街英语与上海东方娱乐传媒集团旗下的星尚频道，携手推出全新双语生活资讯类栏目《今日西洋经》，邀请华尔街英语资深外教Kyle Balder老师分享有趣的异国见闻、讲授实用英语会话。星尚频道是上海地区最受欢迎的生活时尚频道，其目标观众以20~40岁高收入、高学历和高消费能力女性为主。

2014年8月30日，华尔街英语携手北京电视台纪实频道推出"跟着纪录片学英语"主题观影活动，通过节目展播、网上有奖问答等吸引英语爱好者。

2015年10月，华尔街英语杭州中心与浙江电视台经济生活频道携手，推出五集双语生活消费类栏目《消费西洋经》，由华尔街英语杭州中心的外教老师Troy、Emmanuel与学习顾问顾平轩，以访谈、情景演绎等形式和杭州观众分享海外旅行的经历，教授实用英语表达方式。

2016年3月，华尔街中国在北京举行创新课程MAKE IT BIG英语情景体验剧全球首映礼。本剧特邀好莱坞专业编剧及英语教学专家，共同撰写剧本，采取情景剧模式，讲述四位来自不同国家前往纽约追逐梦想的年轻人的励志故事。出于尊重非母语英语学习者的考虑，主角之一是中国年轻人。[1]

第三节　企鹅兰登——大众出版市场分析

在2016年全球出版企业排名当中，隶属于德国贝塔斯曼集团的企鹅兰登书屋，以2015年收入4056百万美元的规模排名第五。但在大众出版类型市场中，按照收入规模来看，全球排名第一。

企鹅兰登作为全球化的大众图书出版集团，业务范围涵盖企鹅出版社和兰登书屋位于美国、英国、加拿大、澳大利亚、新西兰、印度和南非的成人与儿童的小说和非小说类纸书及数字出版业务，以及企鹅兰登出版社位于亚洲和巴西的出版业务；企鹅兰登在西班牙、墨西哥、阿根廷、乌拉圭、哥伦比亚和智利的西班牙语出版公司。企鹅兰登旗下有250家在编辑和创意上保持独立的子品牌和出版社，每年出版新书15000多种，企鹅兰登出版了70多位诺贝尔奖得主的作品，以及数百位世界级畅销书作家的作品。

由于企鹅兰登书屋在2013年7月合并，兰登书屋母公司德国贝塔斯曼集团拥有53%的股权，企鹅母公司英国培生集团拥有47%的股份。因此，基于企鹅兰登书屋产品线的完整性和母公司业务关联性的考量，我们将分别论述德国贝塔斯曼近几年的战略规划和中国市场的再度启动与布局以及2013年后企鹅兰登书屋合并后的运营情况。

---

[1] 华尔街英语重磅推出全新升级学习体验暨《MAKE IT BIG》英语情景体验剧全球首映礼[EB/OL].(2016-04-01)[2018-02-01].http://www.pearson.com.cn/about/news/2016/contents153779.html.

一、贝塔斯曼集团发展概况分析

贝塔斯曼集团成立于1835年,是全球领先的传媒巨擘,业务遍及全球50多个国家和地区。贝塔斯曼的核心业务为媒体、服务和教育。主要市场为西欧(尤其是德国、法国、英国、西班牙)和美国,同时也加强渗透中国、印度和巴西等增长区域。由世界媒体实验室编制的2015年度"世界媒体500强"排行榜于2016年1月初在纽约揭晓,贝塔斯曼集团跻身TOP 10,成为前10强里唯一上榜的德国公司。[1]

1835年7月1日,印刷商卡尔·贝塔斯曼在德国居特斯洛创建C. Bertelsmann出版公司,它是贝塔斯曼成为如今全球领先的传媒、服务和教育集团的开始。

2015年7月1日,贝塔斯曼集团总部举办了一场小型展览庆祝公司华诞,展示了集团发展中的七大重要阶段。有一些特定时期,对贝塔斯曼尤为重要。例如,牧师斐斯泰洛齐(Johann Heinrich Volkening)是明登-雷根斯堡新教公会复兴运动最重要的代表人物之一,他联合贝塔斯曼出版自己的作品,对贝塔斯曼出版业务产生巨大影响,几乎超越那个时期所有其他作家。[2]

(一)贝塔斯曼集团发展的七个阶段

从表3-19中梳理的贝塔斯曼集团发展七个阶段中,我们可以看到该集团业务链开发和区域市场拓展的特点。

第一,贝塔斯曼集团的业务链开发呈现出多元化和关联性特点。出版领域是贝塔斯曼初创基础,产品种类由最初的宗教作品拓展到小说以及杂志业务。音乐领域,20世纪50年代中叶,贝塔斯曼借助"Phonette"留声机

---

[1] 繁星.贝塔斯曼跻身世界媒体公司前10强[N].新华书目报,2016-01-11.
[2] 老照片带你穿越贝塔斯曼180年[EB/OL](2015-07-02)[2018-02-01].http://mp.weixin.qq.com/s?__biz=MjM5ODI1OTc2Mw==&mid=209012624&idx=1&sn=d0bcb2d8ed0191ace0a25338f9453dd0&mp-share=1&scene=23&srcid=120 52PMVJblSGvXGU20lI9oZ#rd.

鼓励 Lesering 书友会会员购买唱片,由图书业务拓展到音乐领域。而后,随着数字时代音乐版权的跨区域拓展性的提升,不断深化音乐版权管理业务领域。视音频领域,以欧洲为主市场,向外拓展电视节目海外推广模式。在数字化转型影响下,为了提升整体规模和产业议价能力,企鹅兰登提供电子书服务并集合二者资源优势和品牌优势。在线教育领域,世界范围内教育培训市场进入高速发展期,贝塔斯曼也通过资本运作方式进入这一市场领域。因此,整个贝塔斯曼集团的业务链条是非常典型的融媒体集团产业链,并力图通过在图书、音乐、电视节目、杂志和投融资领域之间打通畅销 IP 衍生产业链,基于产品序列拓展资源开发附加值。但由于贝塔斯曼集团经营的主要业务为内容产业或文化产业中的核心层,一定程度上在国际市场拓展层面会受到对象国政策性门槛的限制,例如介入程度和合作方式上的限制。这就需要该集团针对不同国家和地区门槛壁垒程度,采用不同的业务矩阵组合予以突破。

第二,在区域市场拓展层面,经历了德国本土、美国市场、东欧市场和新兴市场开发的过程。其中,印度、巴西和中国均为贝塔斯曼集团新区域市场的战略选择目标。

表3-18 贝塔斯曼集团发展七个阶段(资料综合整理)

阶段	时间	主要发展历程	具体策略
1	1835—1920年	德国东威斯特法利亚一家新教出版公司	C.Bertelsmann 出版公司成立(1835年)
			卡尔·贝塔斯曼与居特斯洛
			海因里希·贝塔斯曼
			出版业务的扩张
			约翰尼斯·摩恩接管出版公司
2	1921—1946年	民族主义、战争与重建的年代	海因里希·摩恩接管出版公司(1921年开始)
			开始出版小说
			纳粹统治下的出版公司
			"军邮"版印刷
			终结与全新的开始(1946年)

续表

阶段	时间	主要发展历程	具体策略
3	1947—1970年	经济奇迹、扩张与企业文化	莱茵哈德·摩恩成为出版社新老板（1947年）
			Lesering书友会创立
			开始拓展海外业务
			贝塔斯曼接管UFA
			涉足杂志业务（1969年）
4	1971—1989年	向全球化媒体集团发展	贝塔斯曼成为股份公司（1971年）
			在美国进行重大并购
			第一次员工调查
			开始着手组建RTL子集团
			贝塔斯曼音乐管理集团（BMG）成立（1987年）
5	1990—2002年	步入互联网时代	贝塔斯曼拓展东欧市场（从1990年开始）
			AOL-贝塔斯曼上线
			收购兰登书屋
			RTL子集团成立
			2000年世博会：M星球
6	2003—2011年	内容与服务的数字化传播	贝塔斯曼集团柏林总部大楼落成（2003年）
			兰登书屋出版第一批电子书
			回购贝塔斯曼集团股份
			贝塔斯曼校园达人——创造你自己的事业
			BMG音乐版权管理（2009年）
7	2012年至今	数字化转型与国际化发展	新集团战略（2012年瀚韬先生集团首席执行官）
			在印度和巴西设立集团总部
			企鹅图书与兰登书屋合并
			全资收购古纳雅尔
			涉足教育领域

（二）产品/服务线发展情况

2016年9月1日，贝塔斯曼集团公布2016年上半年运营报告，经营业绩创下新高，集团利润显著增加，2016年度利润突破10亿欧元。

1.八大业务整合四条产品/服务主线

在2016年发布的新的集团结构中，八大业务单元取代之前的五大业务单元。其中包括四条产品与服务主线：第一，媒体业务包括RTL集团（RTL Group）、企鹅兰登（Penguin Random House）、古纳雅尔（Gruner+Jahr）与BMG；第二，服务业务包括欧唯特（Arvato）与贝塔斯曼印刷集团（Bertelsmann Printing Group）；第三，教育业务，即贝塔斯曼教育集团（Bertelsmann Education Group）；第四，投资业务包括贝塔斯曼亚洲投资基金（BAI）、贝塔斯曼巴西投资基金（BBI）、贝塔斯曼印度投资基金（BII）与贝塔斯曼数字媒体投资基金（BDMI）整合组成投资已超过125个创业公司的贝塔斯曼投资集团（Bertelsmann Investments）。集团收入达到80亿欧元，自然增长率为1.3%，利润率增加至13.9%，盈利能力进一步增强。集团净利润上涨了21.1%，达到4.82亿欧元。这其中，贝塔斯曼亚洲投资基金（BAI）表现突出，贡献了集团12%的净利润。

RTL集团在法国和德国的业务、欧唯特集团和贝塔斯曼印刷集团经营业绩也创下新字。集团上半年超1/4的收入在欧洲外市场取得，美国成为集团第二大市场。

企鹅兰登在整合完成后实现了进一步的成本节约，出色地完成了畅销书业绩：316册图书跻身《纽约时报》畅销书榜单——其中59册图书都曾位列第一。它出版的由Jojo Moyes创作的两本小说 Me Before You 和 After You 共售出380万册。

2016年上半年，贝塔斯曼继续推进数字化转型。RTL集团的数字业务继续蓬勃发展，上半年收入增加20.5%，攀升至2.64亿欧元。

音乐版权管理公司BMG完成了一系列收购和曲目购买，例如ARC Music发行的大部分曲目，包括查克·贝里（Chuck Berry）、海滩男孩（The Beach Boys）和约翰·李·胡克（John Lee Hooker）的歌曲版权。❶

---

❶贝塔斯曼2016年上半年核心利润超11亿欧元，BAI贡献突出［EB/OL］(2016-09-02)［2018-02-01］.http://www.yidianzixun.com/n/0EL4w7zV?utk=4kk9kpd6&appid=yidian&ver=4.3.3.11&f=ios&s=9.

从贝塔斯曼集团四条产品服务/主线中,我们发现2008年后,贝塔斯曼开始探索与"横向一体化"战略并行的"混合一体化"发展战略。

"横向一体化"战略主要体现在核心内容领域按照产品序列谱系逐一拓展,图书、杂志、电子书、视频业务、音频版权管理等,尤其在数字化转型过程中,这些核心内容领域之间衍生关联性价值日益增加。但是,这种产品序列的多元化开发也会存在一定的经营难度。在新兴市场需求出现的情况下,需要从新产品创建、信息化解决方案和资本投资方面予以支持。

新产品创建主要指2014年贝塔斯曼集团开始布局教育业务。2014年收购在线教育平台Relias Learning,是继1998年收购兰登书屋之后贝塔斯曼集团在美国的最大宗收购交易。对加利福尼亚州阿兰特大学(Alliant University)及教育服务供应商Synergis Education的投资进一步扩展教育业务。[1]贝塔斯曼将教育业务集中三大细分领域:高校(主攻医疗和人文科学领域)、在线学习和教育服务。贝塔斯曼还投资了巴西的教育市场,2015年6月购买在巴西市场领先的企业培训机构Affero Lab的股权;7月,作为锚定投资者加入了一项新基金,致力于在巴西医疗教育领域的投资。[2]

基于核心内容资源保值增值考量,贝塔斯曼采用渐进的信息化解决方案"纵向一体化"战略和"投资快进"不断积累的"混合一体化"战略。在核心业务跨区域渗透遭遇行业管理壁垒影响下,以"投资快进"为特点的"混合一体化"战略是直接有效的新区域市场渗透策略。

2.推行四大战略

2012年开始,贝塔斯曼集团重新设定发展方向,形成四大重要战略——强化核心业务、数字化转型、搭建增长平台和扩大区域增长。2013年经过一年的实践,集团收益达164亿欧元,利润增长42%,创造自2006年以来

---

[1] 贝塔斯曼集团经营业绩创七年来最高纪录[EB/OL](2015-04-02)[2018-02-01].http://mp.weixin.qq.com/s?__biz=Mj M5ODI1OTc2Mw==&mid=205042984&idx=1&sn=2b8a57844c311bf28bac32f77bed4061&mpshare=1&sce ne=23&srcid=1205HzPxQh6tDQqe0g6P95W8.

[2] 贝塔斯曼成立全新教育集团[EB/OL](2015-09-11)[2018-02-01].http://mp.weixin.qq.com/s?__biz=MjM5ODI1OTc2Mw== &mid=210749532&idx=1&sn=11955e2dbde5d8ec63d6d9b6632a5c42&mpshare=1&scene=23&srcid=1205 E80llpZjU7eRvkWGt4lD#rd.

的最高集团利润。❶

第一，强化核心业务，强调提升创意能力和细分市场开辟能力。2014年财报中显示，RTL集团扩展在德国、克罗地亚和东南亚的系列频道；企鹅兰登书屋收购西班牙语和葡萄牙语大众图书出版社Santillana Ediciones Generales，使其跻身为拉丁美洲西班牙语图书市场领头羊。❷除了做运营"加法"之外，贝塔斯曼同时加速缩减结构性下滑业务，出售美国布朗印刷公司（Brown Printing）、意大利印刷业务、日历业务等，并决定在2015年年底终止德国俱乐部业务。❸2016年半年财报中显示，MediengruppeRTL（德国）推出两个新电视频道，并且获得28项德国国家足球队比赛的转播权，以强化核心业务。在法国，GroupeM6在广告销售相关目标群体中的收视率显著提高。

第二，数字化转型方面，通过点播服务、网络制作和频道以及多信道网络的开发、拓展电子书收录库、开发新型数字杂志App等形式进行在线化、数字产品转型。

第三，搭建增长平台方面，通过收购方式或渠道建设方式，增强内容产品销售的精准性和领域的拓展性。例如，2014年财报显示BMG收购了音乐发行公司Talpa以及Montana和Hal David的版权曲目。贝塔斯曼集团作为University Ventures II基金的战略投资者，进一步扩展了教育领域的业务。2016年上半年财报显示，制作公司Fremantle Media通过在英国和以色列的多项收购强化业务。国际热播剧Deutschland 83已经在59个国家销售。欧唯特将在德国Dorsten打造一个新的物流中心，为进一步拓展电商服务奠定基础。

第四，区域增长拓展方面，注重巴西、印度和中国市场的开发。尤其

---

❶ 贝塔斯曼集团首席执行官瀚韬：从朋克摇滚到传媒巨擎掌舵人[EB/OL]（2014-05-07）[2018-02-01].http://mp.weixin.qq.com/s?__biz=MjM5ODI1OTc2Mw==&mid=200363126&idx=1&sn=62380b9740645b5bdd0258a43e886022 &mpshare=1&scene=23&srcid=1205FeBYRCNqP5Ekx68N0F6z#rd.

❷ 贝塔斯曼集团经营业绩创七年来最高纪录，上半年收入增至78亿欧元[EB/OL]（2014-09-01）[2018-02-01].http://mp.weixin.qq.com/s?__biz=MjM5ODI1OTc2Mw==&mid=201135314&idx=1&sn=768454b7e37f20426cefc7580a7f5 d35&mpshare=1&scene=23&srcid=1205MTD0o01NRSfJl6lqwnct#rd.

❸ 贝塔斯曼集团经营业绩创七年来最高纪录[EB/OL]（2015-04-02）[2018-02-01].http://mp.weixin.qq.com / s?__biz=MjM5ODI1OTc2Mw==&mid=205042984&idx=1&sn=2b8a57844c311bf28bac32f77bed4061&mpshare=1& scene=23&srcid=1205HzPxQh6tDQqe0g6P95W8.

是在这几个区域建立投资公司，通过投资新兴创投项目，快速进入对象国市场，并在创投之后加紧收购合作开展多元化产品孵化，在实现高投资回报率的同时完成市场渗透过程。例如，欧唯特集团在印度古尔冈开设了一个新的服务中心，大约1400名员工。BMG集团进驻巴西市场，通过投资医科学生预科课程提供商Medcel，贝塔斯曼巴西投资（BBI）集团与其战略合作伙伴BozanoInvestimentos进驻在线教育业务。2016年上半年，BAI在中国投资了10家新公司。在印度，贝塔斯曼印度投资基金（BII）投资了电子商务服务Kart Rocket、社会时尚网络Roposo和金融科技公司Lendingkart。

（三）收益情况

近3年来，贝塔斯曼集团收益大幅度增长。

1.各业务主线收入情况

根据2015年贝塔斯曼财报，RTL集团2015年收入最多，为6029百万英镑；第二是欧唯特，2015年收入为4847百万英镑；第三是企鹅兰登书屋，2015年收入为3717百万英镑；第四是古纳雅尔，2015年收入为1538百万英镑；最后是贝塔斯曼印刷集团，2015年收入较上年减少，为742百万英镑。但集团EBITDA（息税折旧及摊销前利润）方面，RTL集团排名第一位，企鹅兰登书屋排名第二位，欧唯特排名第三位，古纳雅尔排名第四位，贝塔斯曼印刷集团排名第五见表3-19。

2.德国本土市场和海外市场收益表现

2015年财报显示，根据主要业务线，2015年RTL集团德国市场收益为2151百万英镑，海外其他国家为3878百万英镑，本土市场与海外市场收益比值为0.55。企鹅兰登书屋德国市场收益为281百万英镑，海外其他国家市场为3436百万英镑，本土市场与海外市场收益比值为0.11。古纳雅尔德国本土市场收益为856百万英镑，海外市场收益为682百万英镑，本土市场与海外市场收益比值为1.26。欧唯特德国本土市场收益为2277百万英镑，海外市场收益为2570百万英镑，本土市场与海外市场收益比值为0.89。贝塔斯曼印刷集团本土收入为330百万英镑，海外市场为412百万英镑，本土市场与海外市场比值为0.80；集团投资总部德国市场139百万英镑，其他国家市场485百万英镑，本土市场与海外市场比值为0.29见表3-20。

表3-19 贝塔斯曼集团2015年财报主营业务收益情况 （单位：百万欧元）

产品服务主线		2015年	2014年	2013年	2012年	2011年
RTL集团	收入	6029	5808	5824	6002	5814
	税息折旧及摊销前利润	1355	1334	1324	1253	1311
企鹅兰登	收入	3717	3324	2654	2142	1749
	税息折旧及摊销前利润	557	452	363	352	211
注2011、2012年仅有兰登书屋数据						
古纳雅尔	收入	1538	1747	2014	2218	2287
	税息折旧及摊销前利润	128	166	193	213	279
欧唯特	收入	4847	4662	4388	4419	4201
	税息折旧及摊销前利润	394	384	397	391	416
贝塔斯曼印刷集团	收入	742	996	1122	1214	1199
	税息折旧及摊销前利润	47	64	92	115	128

表3-20 2015年业务领域本土市场与海外市场收入构成（2015财报）（单位：百万法郎）

业务分支收益构成	2015			2014		
	本土	海外	合计	本土	海外	合计
RTL集团	2151	3878	6029	2155	3653	5808
企鹅兰登	281	3436	3717	279	3045	3324
古纳雅尔	856	682	1538	886	861	1747
欧唯特	2277	2570	4847	2214	2448	4662
贝塔斯曼印刷集团	330	412	742	375	621	996
企业投资	139	485	624	190	320	510
总体合计收益	6034	11463	17497	6099	10948	17047

从比值中我们发现，比值越小，其海外市场偏重性越强；比值趋近于1，本土市场与海外市场平衡性越强；比值大于1，更偏重本土市场。其中，企鹅兰登书屋海外其他国家市场倚重度最高，其次是集团投资总部和RTL集团。

欧唯特和贝塔斯曼印刷集团本土化市场份额略小于海外市场，但趋近于平衡发展状态。而古纳雅尔本土市场倚重度最高，远高于海外市场开拓规模。

3.收益区域构成和类别组成表现

根据2015年财报显示，集团综合收入按照地区分布来看，德国市场占比最大为33.9%；其次是美国市场，占比21.6%；第三是其他欧洲国家市场，占比17.7%；第四是法国市场，占比13.2%；第五是其他国家和地区，占比6.9%；第六是英国市场，占比6.7%。从地理分布来看，贝塔斯曼核心收益区仍然集中在欧洲和美国市场，新兴市场和其他市场仅占总收益的6.9%，由此可见，中国在其收益区域构成中比例仍然较小。贝塔斯曼集团首席执行官瀚韬博士曾公开表示，以往对欧洲市场的过度关注一定程度上带来了"收入低增长"现象，应进一步开拓巴西、印度和中国等新兴市场。[1]

根据提供产品服务的类别来看，自由产品和商品销售比例最高，占比37.1%；其次是服务，占比25.7%；第三是广告收益，占比24.7%；第四是知识产权和授权，占比12.5%。从目前阶段来看，产品和服务是该集团核心收益构成，由于媒体业务带来的广告收益，在广告市场下滑大趋势下，仍保持了近1/4的收益比例。而短期来看知识产权附加值开发比例还略小，占总业务构成的1/8见图3-15。

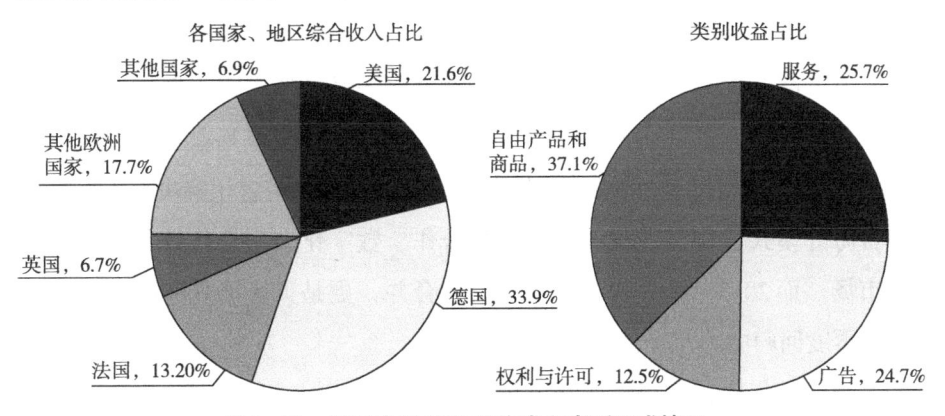

图3-15 2015年收益区域构成和类别组成情况

---

[1] 王潇雨."媒体数字化转型是个机会"贝塔斯曼又回来了[N].华夏时报,2012-11-5(024).

4.融媒化、IP改编式发展趋势明显

贝塔斯曼集团非常注重各个媒介产品线的创意性和衍生性。一方面，从业务架构和产品线上不断丰富内容资源；另一方面，在价值增值、表现形式和衍生价值挖掘方面精耕细作。收益模式呈现融媒化、IP改编式特点。例如，从图书产品线不断挖掘改编价值。美国迪士尼频道2013年购买热门学龄前动画片 *Ella the Elephant*，该动画由贝塔斯曼Fremantle参与制作，通过这部动画片，公司形成了对影视作品制作、发行、版权受理的全链条运作。而最初这个产品就是由学龄前儿童图书系列改编成动画片的。❶

（四）贝塔斯曼集团开拓中国市场情况

2008年是贝塔斯曼集团在中国市场开拓史上的转折之年，国内业界和消费者印象最深刻的是进军中国市场13年间，虽然通过"书友会"形式积累了150万本土会员，但受所有制形式、国别和外商投资目录政策限制，更因为"邮寄目录+书目"的营销理念较为传统，与中国图书零售市场本土主流发行渠道和新兴电商平台相比优势较小等因素，贝塔斯曼集团在正经历数字出版市场培育的中国市场中选择退出。

这一现象，固然反映了当时贝塔斯曼集团在数字化转型中国市场的战略失败。但也正是这一短暂的"战略性退出"，使得贝塔斯曼集团加紧数字化转型产品开发，并采用更加多元的产品服务线渗透中国市场。而新的产品服务线，恰恰也是在2008年进入中国市场的，即贝塔斯曼亚洲投资基金（BAI）。从2008年后，贝塔斯曼集团通过偏重投资、信息化解决方案、电视节目海外模式合作与授权、音乐版权合作、数字化杂志合作等形式渗透中国市场。而2013年7月与企鹅兰登书屋合并，更是贝塔斯曼传统出版领域市场再度回归中国市场的重要契机。

2013年年底，贝塔斯曼在中国的媒体服务部门（包括印刷中心、光盘

---

❶ 美国迪士尼频道开播热门学龄前动画 *Ella the Elephant*[EB/OL]（2014-03-07）[2018-02-01]. http://mp.weixin.qq.com/s?__biz=MjM5ODI1OTc2Mw==&mid=200154092&idx=1&sn=bf2dc316bbe0b54b6c607535a2fd4164&mpsha re=1&scene=23&srcid=1205PO6H4Vm9zNx1Mci8lDMx#rd.

制造中心、数据中心在内)有4600多名从业人员。❶

1.采用曲线性、关联性、融媒化、混合化产品服务矩阵重启中国市场

我们对贝塔斯曼集团在中国市场业务开发的类型和产品形式进行统计,发现贝塔斯曼集团的八大业务中,除贝塔斯曼印刷公司之外,七大业务均进入中国市场,包括贝塔斯曼亚洲投资基金BAI、RTL集团旗下的电视节目制作公司Fremantle Media与中国众多电视台合作、BMG音乐版权合作、古纳雅尔合作出版和App开发、企鹅兰登书屋、欧唯特信息解决方案和Udacity在线教育"微学位"服务。

与2008年之前相比,贝塔斯曼集团采用了曲线性、关联性、融媒化和混合化的产品服务矩阵重组的形式,重新启动了中国市场。这种战略组合,降低了原有单一产品线拓展的风险、避开了主要政策性壁垒环节。同样,在急剧变化的中国创投市场上,一方面获取变动性投资回报;另一方面,以投资组合形式全面进入网络产业服务生态链,其中,不乏急剧融合变革的内容产业。这既对处于资金消耗期的破坏性创新中国企业起到了资金盘活和运营供血的作用,但另一方面,也需要引起我们对于外资投资渗透中国关键市场安全性的反思。

在版权保护强度日益提高的中国市场,在音乐、电视节目模式、杂志和出版领域具有关联性优势的贝塔斯曼集团,衍生版权开发的潜力巨大。

在众多教育巨头抢滩中国市场的同时,贝塔斯曼以投资的全球三大MOOC平台之一的硅谷在线教育平台Udacity,于2016年4月进入中国在线教育市场,推出中国品牌"优达学城"及全新域名youdaxue.com,并宣布和合一集团(优酷土豆)、滴滴出行、京东、新浪等全球领先的中国科技企业达成战略合作。"优达学城"推出中国本地化产品,在本地开放所有免费课程,并带来中文化的微学位项目。其优达学城还提供付费学习导师服务,获得全球领先科技企业认可的学习认证。该学习认证服务覆盖168个国家400万人次。Udacity联合创始人兼CEO Sebastian Thrun称:"Udacity将在中

---

❶ 甄西.德国贝塔斯曼推出新的出版发展战略[J].出版参考,2014(1):21.

国开设机器学习工程师、iOS应用开发入门和Android开发者三个中文微学位，共132门课，以及一个月的免费试用期。"2016年5月初，"优达学城"和滴滴出行联合推出大数据算法竞赛，以10万美元奖励寻找数据科学狂人，鼓励技术人才不断通过自主学习掌握行业前沿技术。❶

可以说，2008年以后的贝塔斯曼集团中国市场战略，采用了极为积极的布局方式，扭转了之前中国市场拓展的颓势，以新兴市场强力孵化的方式，渐进带动传统业务领域回归。

2.资本前驱、数字转型和版权衍生联动渗透

投资领域，从2008年开始，贝塔斯曼亚洲投资基金积极进入中国市场。涵盖移动医疗、智能硬件、企业级服务、垂直行业、电商、SNS、游戏动漫、交通、教育等领域，覆盖了中国超过4.5亿互联网用户，实现了几倍的投资回报率。

内容产业方面投资包括凤凰新媒体、豆瓣、YOHO杂志、胡莱游戏、即刻（信息资讯）、毒舌电影（自媒体）、陈翔六点半（情景剧）、MENA mobile（移动互联网广告平台）、DotC（游戏）。教育领域包括Top小站和正保远程教育，其中正保远程教育成立于2000年，目前拥有16个品牌网站，开设了200多个辅导类别，并于2008年在纽交所上市。

值得我们关注的是MENA Mobile创投项目，其在2015年成立，总部设在中国北京，基于中东游戏市场的广阔发展前景和支付市场空白，建立专门为中东市场开发的移动互联网广告平台。在约旦设有分公司，即将在迪拜设点，这些地区工作人员负责中东地区的流量采买和分销商网络拓展。MENA Mobile创始人马志军，立志将其开发成提供游戏、应用和电商"一条龙"服务的第三方公司。❷这也是一个非常典型的中东市场海外输出的创投

---

❶ 贝塔斯曼教育集团旗下Udacity正式进军中国,推出"优达学城"[EB/OL](2016-01-19)[2018-02-01].http://mp.weixin.qq.com/s?__biz=MjM5ODI1OTc2Mw==&mid=2670752699&idx=1&sn=1f3b82e23b2a870ccea46c46dd5c9d05 &mpshare=1&scene=23&srcid=1210txat5SEw1KoO1hIucZ8n#rd.

❷ MENA Mobile马志军:10亿美金的中东游戏市场,是大家的[2018-02-01].http://www.baijingapp.com/article/4991.

第三章 典型跨国企业全球化路径分析

项目（见图3-16）。

图3-16 MENA Mobile市场布局

电商平台领域包括二手车电商优信拍、中国钢铁现货网、北京易酒批电子商务公司、易车网、团车网、社交化跨境移动电商Need、鲜Life、蘑菇街、寺库、分期乐和第三方转运物流服务商笨鸟海淘；移动医疗领域包括春雨掌上医生、大姨吗；社交应用领域包括Keep、探探。除此之外，还涉及垂直互联网招聘网站拉勾网，互联网金融平台美信金融，云计算服务UCloud、智能硬件Zepp。

2016年12月6日，基于36氪媒体、氪空间与投融资服务在内的生态大数据及合作伙伴的第三方数据源综合评估形成的2016年度投资机构风云榜揭晓。根据机构成立年限、机构规模、机构活跃度、机构投资能力以及机构影响力等5个标准进行筛选，最终形成三个榜单。其中，BAI获得年度投资机构TOP20殊荣，而BAI汪天凡获得2016最具潜力投资人奖项。

数字化转型策略方面，主要集中在企鹅兰登书屋、古纳雅尔、欧唯特业务领域。例如，企鹅兰登书屋从2015年启动中国有声书项目；古纳雅尔从早期杂志合作出版，转向更丰富内容领域，由时尚、汽车细分领域跨入母婴领域，并开发出"辣妈驾到"App等数字化产品；新在线杂志《GEO视界》，充分利用微信平台和H5技术进行推广。2014年6月，推出的全新数字化视觉发现杂志《GEO视界》三个月时间其微信公众平台已拥有超过2万名粉丝，目前上线的三期电子杂志下载量超过30000。

欧唯特是国内汽车、消费品、电信、航空等行业业务流程外包首选。客户关系管理通过包括移动新技术在内的互动为100多个品牌的3000万消费者的客户服务；供应链管理的70多个仓库服务于6万多家零售终端，每年运送8000万台手机；信息技术服务的1000多台云服务器、400多个Web应用程序管理着1亿多条来自汽车和消费品行业的用户数据，以数字化方案提升200家商业客户与其用户之间的互动成本效率。

版权衍生策略方面，在杂志、音乐、图书和电视节目模式方面共同发力，并且注重中国本土市场内容资源的合作与开发。例如，2014年贝塔斯曼音乐王国BMG的全资子公司CountdownMedia，精彩主题音乐登录京东数字音乐平台和百度数字音乐平台，并陆续登录其他国内领先的数字音乐平台。此外，联合豆瓣网和网易音乐共同发起为BMG经典歌曲创作歌词活动。2015年，与阿里巴巴数字娱乐事业部签署了一系列广泛的数字音乐版权合作协议。2015年8月，BMG大中华区与冯唐签署首个专属作者合作协议。合作的音乐平台和音乐客户端均在中国市场中有较大渠道影响力，而专属作者也是本土化资源挖掘的重要举措。

电视节目领域，Fremantle Media在22个国家开展业务，全面的国际网络每年制作8500小时节目，发行超过2万小时内容。在中国，Fremantle Media与多家主流电视台都保持着良好合作关系，其中包括中央电视台、东方卫视、浙江卫视、湖南卫视等，推出《中国梦之声》第二季（美国偶像）、2013年《中国达人秀》第五季、《谢天谢地，你来啦》《我们约会吧》《中国最强音》《墙来啦》《黄金100秒》《王牌碟中谍》。这些节目，在播出过程中，取得较好收视表现。近3年来，引进模式节目成为中国各大电视台竞争的重要方式之一。但也因此，引发了新闻出版广电总局（2018年改为国家广播电视总局）在2012年以后推出的一系列限娱令、限外令和"进一步规范社会类、原创节目样态"的文件，严控引进模式节目的类型、数量和播出时段，进一步促进中国本土电视市场的原创能力形成见表3-21。

表3-21 贝塔斯曼集团中国市场业务类型和产品形式（整理统计）

序号	机构	业务类型	产品形式
1	贝塔斯曼亚洲投资基金（BAI）	投资	2008抄底进入凤凰网和易车网
2	贝塔斯曼亚洲投资基金（BAI）	投资	豆瓣、蘑菇街、大姨吗、拉勾网、二手车电商优信拍、UCloud、春雨掌上医生、中国钢铁现货网、北京易酒批电子商务公司、社交化跨境移动电商Need、寺库、YOHO杂志、胡莱游戏、正保远程教育、DotC、即刻、鲜Life、毒舌电影、陈翔六点半、美信金融、ME-NA mobile、Keep和社交应用探探在内40余家TMT行业投资组合
3	贝塔斯曼亚洲投资基金（BAI）	投资联合体	2014年加入36氪"顶级VC联盟"，还包括红杉资本、IDG资本、经纬创投、GGV（纪源资本）、DCM、北极光创投、启明创投、深创投、真格基金等
4	贝塔斯曼亚洲投资基金（BAI）	投资	2014年成立专门天使投资基金BetaFund
5	RTL集团旗下的电视节目制作公司Fremantle Media与SMG合作	合作推出电视节目	《中国梦之声》第二季（《美国偶像》）
6	RTL集团旗下的电视节目制作公司Fremantle Media与东方卫视合作	国内购买电视节目海外模式	2013年《中国达人秀》第五季
7	RTL集团旗下的电视节目制作公司Fremantle Media与中央电视台合作	国内购买电视节目海外模式	《谢天谢地，你来啦》
8	RTL集团旗下的电视节目制作公司Fremantle Media与湖南卫视合作	合作推出电视节目	《我们约会吧》《中国最强音》

续表

序号	机构	业务类型	产品形式
9	RTL集团旗下的电视节目制作公司 Fremantle Media	领导岗位人选	2015年7月迎来新的中国掌门人尹晓葳（Vivian Yin）在加盟Fremantle Media之前，Vivian任职星空华文国际传媒首席代表和灿星制作副总经理等职务，在电视节目制作、节目模式的引进和出口领域具有多年丰富的经验
10	RTL集团旗下的电视节目制作公司 Fremantle Media	合作推出电视节目	与浙江卫视等合作《墙来啦》《黄金100秒》《王牌碟中谍》
11	BMG	音乐版权	2014年贝塔斯曼音乐王国BMG的全资子公司CountdownMedia，精彩主题音乐率先登录京东数字音乐平台和百度数字音乐平台，并将陆续登录其他国内领先的数字音乐平台。联合豆瓣网和网易音乐共同发起为BMG经典歌曲创作歌词活动
12	BMG	音乐版权	2014年11月与巨匠娱乐签署全球独家录音及词曲版权管理协议
13	BMG	音乐版权	2015年与阿里巴巴数字娱乐事业部签了一系列广泛的数字音乐版权合作协议。该协议包括超过250万首BMG的音乐版权，既包含BMG艺人的录音版权如Scorpions、Jean-Michel Jarre、Black Sabbath、Kylie Minogue、BoyzIIMen、Smashing Pumpkins及Bryan Ferry，也包含Bruno Mars、John Legend、Robbie Williams、the Rolling Stones、Aerosmith和will.i.am.等唱作人的词曲版权
14	BMG	BMG大中华区签下的首位词作者	2015年8月，BMG大中华区与冯唐签署首个专属作者合作协议
15	企鹅兰登	出版	2012年李娜自传中英文版本/2013年世界餐饮界明星杰米·奥利弗系列中文版
16	古纳雅尔	杂志合作出版	1998年古纳雅尔控股的Motorpresse国际旗下的杂志《汽车博览》和《世界家苑》在中国开始通过合作出版稳步发展
17	古纳雅尔	杂志合作出版	2002年涉足母婴领域的《父母世界》

续表

序号	机构	业务类型	产品形式
18	古纳雅尔	收购、代理	2006年收购博达新大陆广告有限公司部分股权，代理本土时尚和生活方式类的杂志：《瑞丽服饰美容》《瑞丽伊人风尚》《男人风尚》等
19	古纳雅尔	杂志合作出版	2008年母婴产品《宝贝世界》
20	古纳雅尔	授权	2011年GEOlino
21	古纳雅尔	出版中文客户杂志	2012年法国航空、荷兰皇家航空、宝马公司、交通银行、法国达能集团分别与古纳雅尔中国的定制出版团队签约
22	古纳雅尔	数字媒体	瑞丽网
23	古纳雅尔	社区类应用APP	"辣妈驾到" App
24	古纳雅尔	数字杂志	2014年6月古纳雅尔中国正式推出了全新数字化视觉发现杂志《GEO视界》《GEO视界》（www.geochina.com）上线，《GEO视界》App也于2014年8月4日在AppStore上线
25	古纳雅尔	微信营销	母婴品牌父母世界Parents，提供"一问到底"H5小游戏
26	欧唯特	规模化和数字化创新的解决方案	国内汽车、消费品、电信、航空等行业业务流程外包之首选
27	Udacity	在线教育	优达学城在中国提供"微学位"

3.雇员情况分析

贝塔斯曼全球网站显示，旗下雇员数量为117249人。雇员来自澳大利亚、比利时、加拿大、中国、克罗地亚共和国（欧洲东南部）、法国、德国、英国、印度、意大利、荷兰、西班牙和美国。其已在南美拥有3300名员工，在印度有1150名员工，在中国有5000多名员工。

4.媒体应用策略

2014年3月25日，贝塔斯曼中国官方网站全面升级改版（www.bertels-mann.com.cn）。网站包括集团、子集团、战略、企业责任、新闻、投资者关系和职场七个栏目。其中，体验贝塔斯曼栏目，以丰富的视音频和图片材料整合展示旗下八大业务主线。贝塔斯曼中国官网也非常注重社交性功能的嵌入，其中云社交环节，可直接链接到其微博、微信官方账号。另外，贝塔斯曼注重学生人力资源的开发，专门设置校园达人专栏。

贝塔斯曼新浪官方微博"贝塔斯曼中国总部"由贝塔斯曼管理（上海）有限公司运营，其最新发布时间为2015年8月5日，目前共发布微博717条，共有粉丝3668人。新浪微博友情链接到贝塔斯曼中国官网、贝塔斯曼全球官网、欧唯特中国官网和欧唯特信息系统中国官网。

贝塔斯曼微信公号从2013年11月13日开始运营，而旗下品牌微信矩阵由8个微信公号组成。

FM创意星球（Fremantle Media）是全球性的娱乐内容创意制作及发行公司，隶属于贝塔斯曼旗下RTL集团，认证机构为弗里曼陀（上海）文化传媒有限公司。

欧唯特信息系统上海有限公司公号由欧唯特信息系统运营，其是贝塔斯曼集团旗下在IT领域拥有数十年经验的专业服务商，凭借客户关系管理、数字营销、电子商务和IT基础架构这四大核心业务，为200多个行业客户提供咨询、信息系统搭建和运营服务，管理1亿多条来自汽车和消费品等行业的消费者数据。目前微信数据更新至2016年4月18日。

古纳雅尔传媒公号，由古纳雅尔（北京）广告有限公司运营。在30多个国家从事近500种媒体活动、期刊和数字内容出版业务。根据清博数据WCI指数，其等价活跃粉丝数为1595，WCI为212.71，更新较为频繁。

另外，古纳雅尔中国，推出全新数字化视觉发现杂志《GEO视界》公号，已拥有超过2万名粉丝，上线的三期电子杂志下载量超过3万次。

除此之外，还包括上海贝塔斯曼商业服务有限公司、贝塔斯曼欧唯特、贝塔斯曼招聘和贝塔斯曼订阅4个公号，但这些公号更新频率和影响力均不高，均达不到WCI测量条件。因此，贝塔斯曼集团虽然积极利用中国本土社交工具进行互动营销，但重视程度和运营效果尚待加强。

5.社会活动营销

2013年年初，贝塔斯曼中国总部发起了"用你的创意，点亮他们的未来"儿童美术作品征集活动。承诺每收到一幅作品，即为农民工子弟学校捐赠一本书，帮助这些学校建立"远远读书角"。2014年儿童美术作品征集活动于4月启动，共收到520幅儿童创意美术作品，爱心作品也已经转换成同等数量绘本书捐赠给农民工子弟学校。❶

二、企鹅兰登书屋发展情况分析

1935年艾伦·莱恩创办企鹅出版社，以"六便士"价格开启"兼具设计感的大众化平装本时代"，极大地改变了当时出版市场精装书出版格局。二战期间，企鹅成立读书俱乐部，目标群体是失去家人朋友的士兵。

莫莉·葛普提尔·曼宁（2014）在 *When Books Went to War* 中写道，第二次世界大战时，美国政府主导"部队特供平装书"计划，兰登书屋、道布尔迪、W. W. 诺顿等书商组成"战时书籍委员会"，将1322种书籍，共计1.4亿册运往前线。这些特供平装书方便携带，广受战士们欢迎。这个计划意外地引发战后平装书大量发行流通，培育了一代美国读者。

企鹅不仅以平装书开创大众阅读，更以激进的态度引领书籍装帧设计。例如，经典的"三段式"封面——出版社、书名与作者以及企鹅的标志，并拥有一套独特的色彩识别系统——橙色是小说，深蓝为自传，绿色是悬疑，红色是戏剧……

在数字化技术的冲击之下，企鹅兰登书屋认为核心问题是"发现"的创新，需要通过营销方式来解决，具体在三个环节发生——零售、消费者和作者。零售的任务是帮助维持实体店的零售，扩大数字销售；与消费者更直接地沟通，帮助"发现图书"；与作者保持密切合作，提供增强服务尤为重要。

企鹅图书 YouTube 频道，从2014年开始每月会更新一个新书预告片。

---

❶ "远远"走进同心实验学校:建读书角+DIY环保手袋+阅读课[EB/OL]（2014-09-22）[2018-02-01]. http://mp. weixin. qq. com / s ? __biz=MjM5ODI1OTc2Mw== &mid=201232312&idx=1&sn=29733d7b6b634736fcb203455efd6f47&mps hare=1&scene=23&srcid=1205KcXo8w7VND5bzsHMSouI#rd.

2014年9月公布的"玫瑰战争"（Wars of the Roses：Trinity），这个视频被播放将近20万次，最新图书预告片是畅销书作者Jo Nesbo的悬疑小说 *Blood on Snow*，由动画形式呈现。在澳大利亚的几个书店里，读者拿起"企鹅电话亭"上那个橙色听筒，便会听到电视明星Safran向他打招呼。

企鹅兰登合并的意义，不仅仅是二者在资源层面的高度积聚，以及共同应对数字化转型市场变革，更重要的是在彼此已开拓的区域市场上增强占有率和覆盖面。基于这种考量，企鹅品牌在德国成立15个月后，位于慕尼黑的兰登书屋出版集团2016年宣布进军德语市场。从2016年8月到2017年4月，出版社将发行64种图书，以高品质图书为重，并制作148页书目。

（一）发展历程

2013年合并后公司年终综合收入达到27亿欧元，这反映了兰登书屋全年的情况，包括兰登书屋德国分公司和企鹅集团的半年情况。2013年底，企鹅兰登书屋拥有11838名员工（2012年12月31日，兰登书屋拥有5712名员工）。

企鹅兰登书屋最畅销的新书是丹·布朗的《炼狱》，在7个月内，该书在英语区销售了近600万册。其他畅销书还包括桑德伯格的《向前一步》，卡勒德胡赛尼的《山间回响》，约翰·格林的《无比美妙的痛苦》和约翰·格里沙姆的《梧桐大道》。2013年，关于E. L. James的《五十度》三部曲的英文、德文、西班牙文版本需求仍然持续强劲，销售了超过700万印刷本及数字读物和有声书。

从2013年7月到12月，这家美国公司有261本书登上《纽约时报》的精装本和平装本畅销书排行榜，其中有27本书位居第一。企鹅兰登书屋英国分公司也有14本书位居《星期日泰晤士报》的畅销书排行榜第一位。在德国，兰登书屋德国分公司在其数字出版业务方面实现了巨大增长，电子书总销售收入首次达到双位数百分比。2013年该分公司最大的销售冠军是乔纳斯·乔纳森的 *Die Analphabetin, die rechnenkonnte*。在拉丁美洲稳固的业绩和西班牙语畅销书强大的组合抵消了在西班牙由于经济低迷带来的影响，出版公司在西班牙自2013年11月来一直以企鹅兰登书屋墨西哥分公司的名义运作。在印度和南非，企鹅兰登书屋完成了购买其各自的合作伙伴所拥有的股份。

2013年，许多企鹅兰登书屋作者获得了久负盛名的文学奖，其中包括诺贝尔文学奖得主爱丽丝门罗。集团作家在美国还获得四项普利策奖和国家图书奖，兰登书屋德国分公司获得德国图书奖见表3-22。❶

表3-22 企鹅兰登大事记年表

序号	年份	活动
1	1838	George Palmer Putnam 创建了 G. P. Putnam's Son
2	1864	Edward Payson Dutton 创建了 Dutton
3	1897	Doubleday 出版社成立
4	1921	George T.Delacorte 创建了 Dell 出版社
5	1925	The Viking Press（维京出版社）成立
6	1926	Dutton 出版了《小熊维尼》
7	1927	Cerf和Klopfer决定拓展出版事业，重新将公司命名为兰登书屋
8	1935	Allen Lane 在伦敦创建了企鹅图书
9	1937	企鹅创建了图书Pelican（鹈鹕），出版非小说类时事话题，包括众多严肃题材的学科学术论著，1984年之后该系列不再出版，从2014年5月1日在英国首发新版
10	1941	企鹅图书创建图书品牌Puffin（海雀）出版儿童图画书
11	1945	Bantam Books 创立
12	1953	最老牌的科幻小说出版商Ace Books成立，后成为企鹅美国子品牌
13	1957	兰登书屋出版了知名卡通形象"戴帽子的猫"（The Cat in the Hat）
14	20世纪60年代	企鹅引领通俗文化革命《查泰莱夫人的情人》
15	1960	兰登书屋以300万美元收购知名出版品牌Alfred A. Knopf
16	1961	兰登书屋收购Pantheon Books
17	1965	Putnam（兰登子品牌）收购Berkey Books

---

❶ 贝塔斯曼公司投资数十亿；实现利润大幅增长[EB/OL]（2014-03-27）[2018-02-01].http://mp.weixin.qq.com/s?__biz=MjM5ODI1OTc2Mw==&mid=200227232&idx=1&sn=0b7eda092d4bcfddeef9175267d91090&mpshare=1& scene=23&srcid=1205dqCm6y6hQs7wRXauvFgE#rd.

续表

18	1970	企鹅图书创始人Allen Lane爵士去世
19	1971	兰登书屋合伙人Bennett Cerf去世
20	1983	企鹅并购了以出版Beatrix Potter系列作品"比得兔"而著名的Frederick Warne公司
21	1989	兰登书屋扩张出版业务收购Century Hutchinson出版社
22	1994	企鹅图书子品牌Riverhead创立
23	1993	企鹅推出有声书
24	2003	企鹅美国旗下出版品牌Riverhead出版了胡塞尼的成名作《追风筝的人》
25	2003	兰登美国旗下出版品牌Doubleday美国、英国和加拿大分社出版了丹布朗的《达·芬奇密码》
26	2012	兰登美国出版畅销书《格雷的五十度灰》，创下畅销书佳绩
27	2013	7月1日企鹅兰登正式合并，兰登书屋母公司德国贝塔斯曼集团拥有53%股权，企鹅母公司英国培生集团拥有47%股份
28	2015	企鹅成立80周年暨企鹅在中国10周年，推出首个企鹅有声书中文项目《小王子》

（二）数字化转型情况分析

1.电子书开发与探索

2000年，兰登书屋出版20本以At Random命名的系列电子书，尝试只在线销售或按需印刷。电子书售价按纸质平装本标准定价。每出售一本电子书，作者可获得15%版税；按需印刷，则获得7.5%版税。兰登书屋希望通过此举进军电子书市场，但因时机不成熟，市场反响并不如意，2001年兰登放弃此项电子书计划，但对电子书的研发并未止步。

兰登曾率先提出UEO（User Experience Operation，用户体验优化）理念。例如，当用户在兰登搜索引擎输入关键词时，既可以看到具体书目，还提供首次出现该关键词的上下文语境。❶

---

❶ 兰登书屋——数字出版的实践者[EB/OL]（2015-05-07）[2018-02-01].http://mp.weixin.qq.com/s?__biz=MjM5 MTI3OTAzNg==&mid=205711356&idx=1&sn=e5804e2a2a8107a909ea871fe0485fa9&scene=1&srcid=091 4gyswar1Cz1 eMgg8mtR6h#rd.

企鹅和兰登书屋两家公司在合并前均已成功实现数字化转型,电子书在全球净销售额比重在不同地区相差甚远——美国和英国约为25%,而西班牙仅为3%。从数字图书类型细分来看,企鹅兰登书屋销售最好的是悬疑小说,其次是科幻小说、爱情小说、传记、历史,最后两位是儿童图书和烹饪书。❶

近几年随着对新兴区域市场开拓力度的增强,2015年7月31日,企鹅兰登书屋南非分部已与Snapplify合作推出利基电子书店,主要提供当地出版图书。南非规模最大贸易出版商南非企鹅兰登书屋(PRHSA)已经宣布推出自己的电子书店,仅限于南非出版图书,目标市场为南非市场。

PRHSA商店将提供数字版本的完整图书目录,包括很多南非的虚构、非虚构、生活和自然类图书。比如*A Complete Guide to the Snakes of Southern Africa*、*Boy on the Wire*以及*Low Carb is LEKKER*。该电子书店于2015年7月31日在约翰内斯堡南非书展正式亮相,也可通过Snapplify网站查看。现在提供大约800本Epub和PDF格式电子书。电子书均经过Snapplify专有DRM加密处理,读者可以通过安卓、iOS、Windows或OSX系统Snapplify应用阅读。❷

在向数字领域的转型过程中,2013年财报显示,企鹅兰登书屋已提供超过7.7万份数字版书籍,在世界各地售出超过1亿份❸,占据六大电子书分销商(Kindle、Apple、Nook、Google、Kobo和Sony)组成的畅销电子书排行榜多个名次。从2014年及更长期来看,企鹅兰登书屋将战略中心放在教育领域,以加速电子化、服务化来应对巨大的教育领域需求。企鹅兰登已经在学习服务、内部服务、直接交付、评估认定、学校、高等教育和英语教育上进行投资。❹

---

❶ 凯旋.企鹅兰登书屋的数字化转型[N].中国出版传媒商报,2013-08-27.
❷ 南非企鹅兰登书屋将开设电子书店[EB/OL](2015-08-18)[2018-02-01].http://mp.weixin.qq.com/s?__biz=MjM5MTQ 1NTk4MA==&mid=209500732&idx=2&sn=009fbfba5a226d4c5afe07576c64b8e7&scene=1&srcid=09141j R7ojXbELcqfQOHr8k6#rd].
❸ 贝塔斯曼公司投资数十亿;实现利润大幅增长[EB/OL](2014-03-26)[2018-02-01].http://mp.weixin. qq. com / s? __biz=MjM5ODI1OTc2Mw== &mid=200227232&idx=1&sn=0b7eda092d4bcfd-deef9175267d91090&mpshare=1& scene=23&srcid=1205dqCm6y6hQs7wRXauvFgE#rd.
❹ 海外出版商:我们的策略与数字化布局[N].中国出版传媒商报,2014-09-23.

Paula Hawkins 的首部小说 *The Girl on the Train*（火车上的女孩）售出超450万本，成为2015年上半年最畅销书籍。E.L.James 的新书 *Grey*（格雷）创下销售纪录。在美国和英国出版的头两周内，印刷版、有声版和电子书版销量就超过350万。❶

2016年1月，企鹅兰登书屋针对图书馆机构用户，制定新的服务款项和定价机制，通过略高于以往的电子书价格，可获得电子书永久使用权。据2016年上半年财报显示，企鹅兰登继续扩大电子书库规模，目前已收录的电子书超过11.5万册。

2.有声书业务拓展

在1999年，兰登书屋就收购有声书公司聆听图书馆（Listening Library），并将其打造成旗下儿童有声书系列出版商，将有声书划分成艺术、电脑、教育、科学、宗教等40多种类型，依据此架构分类开发有声书系列。在读者群体方面，兰登书屋有两条主线，分别面向儿童和成人。儿童读者还细分为年幼听众、中等年级听众和青少年听众。❷

企鹅兰登一直致力于出版高品质有声书，尤其采用具有话题性和影响力的朗读者。2013年，企鹅有声书（Penguin Audio）就曾携手一众英国著名演员重新录制罗尔德·达尔的作品。包括凯特·温丝莱特（Kate Winslet）、克里斯·奥多德（Chris O'Dowd）、丹·斯蒂文森（Dan Stevens）、斯蒂芬·弗雷（Stephen Fry）、休·劳瑞（Hugh Laurie）、安德鲁·斯科特（Andrew Scott）等。在美国地区，2015年哈珀·李（Harper Lee）的新书 *Go Set A Watchman* 确定出版后，奥斯卡影后瑞茜·威瑟斯彭（Reese Witherspoon）随即确认参与此项目担任朗读者。迄今为止，企鹅兰登有声书共获得了13项格莱美奖（Grammy Awards）、69项有着有声书"奥斯卡"之称的

---

❶ 贝塔斯曼集团2015年上半年收入与利润显著增长，创近八年来最高水平[EB/OL]（2015-09-02）[2018-02-01].http://mp.weixin.qq.com/s?__biz=MjM5ODI1OTc2Mw==&mid=210544437&idx=1&sn=8aaec96fcc0f33b02e29314a3 9a126d8&mpshare=1&scene=23&srcid=1205HwPQx6gyRRLZzeOqBekH#rd.

❷ 兰登书屋——数字出版的实践者[EB/OL]（2015-05-07）[2018-02-01].http://mp.weixin.qq.com/s?__biz=MjM5MTI 3OTAzNg==&mid=205711356&idx=1&sn=e5804e2a2a8107a909ea871fe0485fa9&scene=1&srcid=0914gys war1Cz 1eMgg8mtR6h#rd.

"有声书大奖"（Audie Awards）和15项奥德赛奖（Odyssey Awards）。扬罗必凯广告公司（Y&R）设计的企鹅有声书平面广告斩获被誉为"广告界奥斯卡"的2014年戛纳平面类金奖。❶

针对中国市场，也秉承相同的运营理念，从2015年连续两年推出有声书中文项目《小王子》和《七堂极简物理课》，并邀请具有话题影响力演员刘烨和黄磊倾情参与。

（三）企鹅兰登书屋中国市场开拓情况分析

1994年，英国DK图书进入中国市场，早期引进《妈妈宝宝护理大全》《DK新世纪百科全书》取得惊人销售业绩，均超过十几万册。《妈妈宝宝护理大全》至今仍然畅销。1997年，英国DK出版公司在北京设立办事机构，每年在中国翻译并出版50～100种图书。《DK儿童百科全书》不仅在英国广受欢迎，还被翻译成12种语言在全球16个国家出版。2010年该书进入中国，全书分太空、地理、生态环境、生物界、世界的大陆、文化、历史与政治、科学、技术和人体等十章，包括当下的热门话题和科学前沿，印有超过2500幅彩色图片，从视觉上引起孩子们的阅读兴趣，文字说明被巧妙地编排其中，为读者讲解各个领域的有趣知识。在不到5年的时间销售近25万册。目前，DK不仅在儿童科普、百科成为图书市场领跑者，也成为健康、旅游、摄影、园艺、母婴等生活中各个方面重要指南。2013年7月，DK出版公司正式被纳入贝塔斯曼集团麾下的企鹅兰登书屋，成为集团旗下近250个出版品牌中的一员。❷

2005年，企鹅（北京）文化发展有限公司成立。

---

❶ 萌爸刘烨要亲口念《小王子》给你听［EB/OL］（2015-07-30）［2018-02-01］.http://mp.weixin.qq.com/s?__biz=MjM5 ODI1OTc2Mw==&mid=209700891&idx=1&sn=7bfd9c4a2cf04b0bad86cb64cef55ff2&mpshare=1&scene=2 3&srcid=1205sj4O3G83BIkWCtdX0eAG#rd.

❷ 风靡全球的DK大百科［EB/OL］（2014-08-15）［2018-02-01］.http://mp.weixin.qq.com/s?__biz=MjM5ODI1OTc2Mw== &mid=200926414&idx=1&sn=2d5c12d311f1410fa6e671c7f48a53e4&mpshare=1&scene=23&srcid=1205asFbJgT 9Fsy5rTfbZ1x1#rd.

2013年，企鹅兰登书屋合并之后，其中国市场开发明确四个清晰方向——推动来自美国、英国、澳大利亚的英文原版书的销售；积极开拓中国本土以童书为重心的成人读物和童书出版业务；加强企鹅和DK等知名出版品牌的开发和拓展；充分利用电子书和有声书带来数字化新机遇。[1]

1. 企鹅兰登在中国市场业务类型

具体而言，包括引进英文原版畅销书、推介中国作家英文版作品、出版与中国相关的英文作品以及版权贸易合作出版等形式。具体情况见表3-23。

表3-23 企鹅兰登在中国开展的三类业务

①引进优秀英文原版畅销书	
企鹅图书	兰登书屋
·《了不起的盖茨比》（Tho Groat Gatsby） ·《一炮走红的国家》（Breakout Nations） ·《在路上》（On the Rood） ·《一辈子做女孩》（Eat，Pray，Love）	·《炼狱》（In Ferno） ·《向前一步》（Lean In） ·系列撒切尔夫人传记 ·诺贝尔奖得主爱丽丝门罗的系列作品
②让世界了解中国，为中国作家的优秀作品推出英文版，以及出版与中国相关的英文作品	
企鹅图书	兰登书屋
·《狼图腾》——姜戎（赢得2007年曼氏亚洲文学奖） · Midnight in Peking——Paul French（赢得英国2013 The CWA Dagger Awards 美国2013 Edgar Awards） ·《二马》——老舍 ·《围城》——钱钟书	·《江边对话》——赵启正/Luis Palau ·《红高粱》——莫言 ·《受活》——阎连科 ·《中国读本》——苏叔阳 ·《额尔古纳河右岸》——迟子建 ·《中国财富》作者合集 ·北京2008奥运特集《北京》

---

[1] 贝塔斯曼集团发力新兴市场召开首届新兴市场大会[EB/OL]（2015-02-13）[2018-02-01］. http://mp.weixin.qq.com/s?__biz=MjM5ODI1OTc2Mw==&mid=203711971&idx=1&sn=9ae9b0692377aa15a308b979eb17b5e7&mpshare=1 &scene=23&srcid=1205PYQNDe20kj1c0aPhfU8P#rd.

◀◀◀ 第三章　典型跨国企业全球化路径分析

续表

③版权贸易，以及与中国知名出版品牌合作推出在中国市场具有深远影响的作品（企鹅图书）

《伟大的思想》（第三辑10本）——与中国对外翻译出版公司联合推出，荣获"2012年
　　度引进版社科类优秀图书奖"
"企鹅经典"丛书——与上海九久读书人和人民文学出版社联合推出，已有50种面市
大满贯冠军李娜自传《独自上场》——2012年与中信出版社联合推出
《往事》四部曲简体中文版权——企鹅图书出售给上海最世文化发展有限公司，2013年
　　由长江文艺出版社出版
《杰米·奥利弗30分钟上菜》——2013年与中信出版社联合推出，在亚马逊（中国）、当当网
　　和京东全部位居西餐排行Top 10
《彼得兔的故事》《芭蕾小精灵安吉丽娜》《小猪佩奇》等优秀童书系列深受中国家长和小朋友喜爱

企鹅兰登书屋以图书为媒介，积极与中国出版界、作者和读者保持深入的沟通与联系，并成为中西方文化交流的积极传播者和实践者。企鹅兰登书屋将《炼狱》《向前一步》《了不起的盖茨比》、撒切尔夫人系列传记等英文原版畅销书源源不断地介绍给中国读者。❶畅销书领域，企鹅兰登书屋还将Facebook首席运营官Sheryl Sandberg的成功故事中文版《向前一步》推向中国市场。

为了让世界更加了解中国，企鹅兰登书屋为中国作家的优秀作品推出英文版，并出版与中国相关的英文作品，如《围城》《狼图腾》《红高粱》以及北京2008奥运特集《北京》等。此外，企鹅图书与中国知名出版品牌合作推出在中国市场具有深远影响的作品——与中国对外翻译出版公司联合推出与中信出版社合作出版的李娜自传《独自上场》和《杰米·奥利弗30分钟上菜》以及深受中国家长和小朋友们喜爱的优秀童书系列《彼得兔的故事》《芭蕾小精灵安吉莉娜》《小猪佩奇》等。

近几年来，《达·芬奇密码》《霍比特人》《一天》以及李安导演的《少年派的奇幻漂流》等在中国本土电影市场票房收入俱佳并引发过热议的影片，均改编自企鹅兰登书屋出版的畅销书籍。

---

❶ 拼写出来,让创新造就经典——企鹅兰登书屋全新字母组合标识亮相全球[EB/OL].(2014-06-05)[2018-02-01]http://mp.weixin.qq.com/s?__biz=MjM5ODI1OTc2Mw==&mid=200479199&idx=1&sn=1fc053fa6d61309655a71d2c3fe83d57&mpshare=1&scene=23&srcid=120545JhTvZ4WnBoQ810M3KQ#rd.

从故事创意方面，企鹅兰登书屋一直注重高质量的出版计划开发，一方面，通过初级图书产品平移化方式进入中国市场；另一方面，通过其他改编IP衍生进一步形成品牌价值和影响力，而这种品牌价值和影响力也在中国市场开发了基于合作、培训为立足点的潜在市场价值挖掘，有利于产业链利益相关者之间的有效互动。

2.合作出版情况

根据对企鹅兰登书屋2013年至2016年3年间合作出版的机构、产品和类型的基本情况进行梳理见表3-24，据不完全统计，企鹅兰登书屋与安徽少年儿童出版社、上海文艺出版社、北京师范大学出版社（集团）有限公司、北京联合出版公司未读品牌、湖南科学技术出版社、博集天卷、重庆大学出版社、荣信教育文化产业发展股份有限公司旗下乐乐趣品牌、"99读书人"等9家出版机构展开合作出版，推出少儿、文学、非虚构和学术图书/有声书以及周边产品。

其中，少儿类有《小猪佩奇》系列图画书第一辑和第二辑，累计销售400万册；《比得兔宝宝成长书》系列有《宝宝成长记录册》《比得兔歌谣》《比得兔触摸玩具书》《比得兔有声故事书》和《比得兔镜子藏猫猫书》以及英国大奖文学绘本《狐狸与星》。这是对企鹅兰登书屋中国本土化业务四大战略中童书计划的具体实践操作。

同时，《小猪佩奇》动画片2004年在英国首播，全世界超过120个国家电视频道播映过。中国于2015年8月由CCTV引进，随后登录优酷和爱奇艺，仅一年时间播放量就超过100亿次，单就优酷而言，每天的浏览量都在600万次以上。[1]仅这一少儿类产品，其衍生价值和资源优势不言而喻。

2016年，美国企鹅兰登书屋问鼎美国童书出版社排行榜首位。10月底，尼尔森在童书峰会上公布从2015年7月1日至2016年6月30日期间，美国

---

[1] 一部《小猪佩奇》让中国90%的家长感到惭愧[EB/OL]（2016-12-11）[2018-02-01].http://mp.weixin.qq.com/s?__biz=MzA4MzQxMTA2MQ==&mid=2247483765&idx=1&sn=7aa649c9d61babb5af225e6bb909258f&chksm=9ff7a86fa8802179a1e22081cb576d5459e5a9344dfb06e63d4f5d0df68e67c49b9daa9ddbd3&mpshare=1&scen e=23&srcid=1211wUiZcGFbWNEgd5z3ohcT#rd.

主要童书出版社的市场占有率。企鹅兰登以31%的市场占有率领先于位居第2位的哈珀·柯林斯（11%）。该社成功的关键在于掌握大量畅销书的独家版权。❶

文学领域，企鹅兰登书屋推出重要出版计划"莎士比亚"系列和经典70周年系列。与企鹅系列、"海雀"（Puffin）系列共同构成企鹅三大系列的非虚构和学术品牌鹈鹕（Pelican）系列，1984年之后不再出版，但在2014年5月1日在英国又首发新版。2016年引进中国国内市场第一辑5本，包括《人类的演化》《古典文学》《如何观看世界》《希腊与罗马的政治观念》和《科学的意义》。❷

企鹅兰登书屋2014年借力"99读书人书展"展台，2015年后独立亮相各大中国国内书展，利用展览契机，推出一系列配合产品主题的周边产品，贯穿其设计理念与优势。

表3-24 企鹅兰登书屋2013—2016年在中国合作出版情况统计

序号	时间（年·月）	合作机构/活动	产品	类型
1	2013.5	安徽少年儿童出版社	《小猪佩奇》系列图画书（第一辑）	少儿
2	2016.6	安徽少年儿童出版社	《小猪佩奇》系列图画书（第二辑）	少儿
3	2014.8	借力"99读书人书展"展台	"On The Road"主题拉杆旅行箱套装，折扣价1580元	周边产品
4	2015.8	独力亮相上海书展	与著名演员刘烨和火华社"阳光的声音"合作，小王子版"星际旅行"套装/英文原版"小黑经典系列"套装共80本	图书+周边
5	2015.8	上海文艺出版社	第1本中文有声书项目刘烨《小王子》"企鹅人生"系列120分钟	有声书/卡片式U盘
6	2016.1	北京师范大学出版社（集团）有限公司	李娜翻译《比得兔宝宝成长书：《宝宝成长记录册》《比得兔歌谣》《比得兔触摸玩具书》《比得兔有声故事书》和《比得兔镜子藏猫猫书》	少儿

---

❶ 全美童书出版社排名公布,企鹅兰登书屋领跑[EB/OL]（2016-11-15）[2018-02-01].http://www.yidianzixun.com/n/0EwQiK97?utk=4kk9kpd6&appid=yidian&ver=4.3.3.11&f=ios&s=9.
❷ 上海文艺出版社推出企鹅非虚构和学术品牌"鹈鹕"[EB/OL]（2016-08-14）[2018-02-01].http://inews.ifeng.com/yidian/49774911/news.shtml?ch=ref_zbs_ydzx_news.

续表

序号	时间（年·月）	合作机构/活动	产品	类型
7	2016.4	上海文艺出版社	著名哲学普面积书系"地铁上的哲学"：齐泽克的《事件》、约翰·卡普托的《真理》、巴里·丹顿《自我》和苏珊·奈曼《为什么长大》等4本	非虚构和学术
8	2016.4	北京联合出版公司未读品牌	霍加斯·莎士比亚系列的全球独家简体中文版《时间之间》于是翻译	文学
9	2016.5	湖南科学技术出版社、博集天卷	意大利现象级畅销书《七堂极简物理课》简体中文版	非虚构和学术
10	2016.8	亚太未来影视（北京）有限公司	携手企鹅兰登书屋制片厂拿下作家黑伦·拜克（Haylen Beck）最新小说《边城迷踪》（Here and Gone）的电影改编权	电影
11	2016.8	上海文艺出版社	非虚构和学术品牌鹈鹕（Pelican）系列引进国内第一辑5本《人类的演化》《古典文学》《如何观看世界》《希腊与罗马的政治观念》《科学的意义》	非虚构和学术
12	2016.8	重庆大学出版社	汤显祖-莎士比亚400周年纪念套装《牡丹亭·仲夏夜之梦》，纪念套装包含由英国设计师Jason Pym设计的杭丝丝巾一条，以及工艺独特的《牡丹亭》和《仲夏夜之梦》。	文学图书+周边
13	2016.8	荣信教育文化产业发展股份有限公司旗下乐乐趣品牌	引进英国大奖文学绘本《狐狸与星》（企鹅兰登于2015年出版）	少儿
14	2016.8	上海文艺出版社	企鹅经典70周年纪念套装（书盒装·全7册）	文学丛书
15	2016.8	喜马拉雅FM有声版权	黄磊《七堂极简物理课》共有9节课，收听价为18元，90分钟	非虚构和学术有声书
16	2016	喜马拉雅FM有声版权	喜马拉雅FM计划于2016年年底前引进企鹅兰登英国6600多种英文原版畅销有声书，并在喜马拉雅FM平台上独家首发	有声书
17	2016.11	北京联合出版公司未读品牌	企鹅手绣经典系列（套装共6册）中文版	文学

3.中国有声书项目开发

在美国和欧洲,有声书"阅读量"已被计入国民人均年阅读量统计。基于不断爆发的需求,海外有声出版行业正逐渐步入成熟期。2015年,全球有声书市场价值超过28亿美元,新书的数量就达到4.3万种。其中,英国有声书市场销售成绩同比增长了25%,美国有声书下载销售从销量和收入上均增长了34%,总收入超过17.7亿美元。在国内,有声阅读市场规模也已达16.6亿元,同比增长29.0%,有声书市场正进入快速发展期。[1]迄今为止,企鹅兰登有声书共获得13项格莱美奖、69项有着有声书奥斯卡之称的有声书大奖和15项奥德赛奖。

2015年,企鹅兰登书屋与上海文艺出版社合作,推出第一个中文有声书项目《小王子》,采用有声书/卡片式U盘的形式,承载120分钟音频内容。而2016年,企鹅兰登和喜马拉雅合作开发付费有声书《七堂极简物理课》,共有9节课90分钟,在喜马拉雅FM上线7天内付费收听总数已经超过5.6万次,上线一周时间,就带来营收100.8万元。

2016年,企鹅兰登书屋与喜马拉雅FM就"有声书"这一重要数字出版产品开发展开密切合作。喜马拉雅FM于2016年年底前引进企鹅兰登(英国)6600多种英文原版畅销有声书,并在喜马拉雅FM平台上独家首发。[2]一方面,企鹅兰登书屋在有声书业务经营方面积累了非常丰富的产品资源和版权;另一方面,在进入中国市场过程中,借助本土化音频市场主要格局影响者平台发布,是跨区域产品转化的成本低、投入少、收效快的重要渠道和策略选择。

4.融合IP衍生开发

在融合发展方面,企鹅兰登书屋制片厂和亚太未来影视(北京)有限公司合作获得电影改编权,中国公司与企鹅兰登共同进行电影IP衍生开发。

---

[1] 有声书出版风口已经到来,各路玩家打造闭环抢占市场[EB/OL](2016-09-30)[2018-02-01]. http://www.yidianzixun.com/n/0EZF8jtz?utk=4kk9kpd6&appid=yidian&ver=4.3.3.11&f=ios&s=9.

[2] 黄磊读书一周,线上营收破百万挖掘有声读物付费大金[EB/OL](2016-09-21)[2018-02-01]. 矿.http://www.yidianzixun.com/n/0EUDPc0v?utk=4kk9kpd6&appid=yidian&ver=4.3.3.11&f=ios&s=9.

5.互域化与解域化策略应用

"互域化"与"解域化"是文化产业全球化过程中的必然阶段。一方面，通过瞄准对象国文化需求对接点和关照点，实现对象国市场的文化渗透；另一方面，通过深挖对象国内容资源和营销策略中的文化元素，结合其他海外市场特性反向包装成国际市场价值判断框架下的"解域化"产品，其实质就是实现"文化转移"、带动价值增量。

企鹅兰登书屋善于挖掘中国优质作者、译者、编剧和演员明星资源，如作家麦家、饶平如。在进行全球"莎士比亚"主题纪念活动中，注重与中国本土戏剧大家汤显祖的《牡丹亭》进行中西方文化的呼应。

另外，设计上开始尝试越来越多的本土化。以"企鹅人生系列"为例，企鹅和三联书店的设计师一起协商了中国版本的设计方案。❶

6.媒体策略应用情况分析

CEO杜乐盟曾谈到，数字化转型核心不是电子书的出现，而是商业模式从B2B到B2C的转变。通过邮件、读者俱乐部或网站等不同渠道搜集读者邮箱地址和消费数据等信息，为直接向读者营销模式转变奠定基础。2015年，企鹅兰登设立新职能部门——读者开发部门。❷

企鹅兰登书屋（英国）2016年1月下旬发布直面顾客新网站，综合旗下知名品牌内容，包括Ladybird、Puffin和企鹅。英国站将图书和作者的相关内容作为核心，而美国站则将书目列表作为焦点。企鹅兰登旗下出版品牌古典书局（Vintage Books）几年前创作了一系列作者采访和图书阅读的播客，每个月播出一期。播客在企鹅兰登英国网站发挥重要作用，还重新上

---

❶ 企鹅80周年，它是如何成为了出版商中的一个"异类"，又将如何找到新的读者[EB/OL]（2017-11-12）[2018-02-01].http://www.yidianzixun.com/n/0AfRKIAl?utk=4kk9kpd6&appid=yidian&ver=4.3.3.11&f=ios&s=9.

❷ 出版是一个去中心化的产业——企鹅兰登CEO杜乐盟专访[EB/OL]（2016-09-12）[2018-02-01].http://www.yidianzixun.com/n/0EQ6KhCT?utk=4kk9kpd6&appid=yidian&ver=4.3.3.11&f=ios&s=9.

线独特的"企鹅播客"项目。❶

新媒体运营方面，企鹅图书微信公号，由企鹅（北京）文化发展有限公司运营，等价活跃粉丝数为7890，WCI值为331.72。在其公号上，主要包括书讯、图书推荐以及线上线下活动营销。例如，2016年11月23日举行《小王子：企鹅有声书刘烨朗读版》读者见面会。另外，由隶属于企鹅（北京）文化发展有限公司（台港澳法人独资）运营的企鹅兰登童书微信公号，设置栏目童书网店，进行童书销售微平台的构建。

截至2016年12月16日，在喜马拉雅FM平台上，企鹅兰登书屋注册机构用户号，发布音频9个，共有粉丝10111人。其中，黄磊《七堂极简物理课》预告壹免费试听，播出次数为114455次；预告贰免费试听，播出次数为85184次；第一课《最美的理论》免费试听，播出次数为185802次；第二课《量子》付费收听，播出次数为29751次；第三课《宇宙的构造》付费收听，播出次数23515次；第四课《粒子》付费收听，播出次数为20889次；第五课《空间的颗粒》付费收听，播出次数为18448次；第六课《概率、时间和黑洞的热》付费收听，播出次数为16957次；《尾声》付费收听，播出次数为15733次。

（四）对中国文化传播的影响力分析

1.诺贝尔文学奖获得者莫言作品的国际传播情况分析

何明星（2012）曾根据OCLC提供书目数据检索（检索时间2012年8月11日至18日）统计收藏莫言作品排名前30品种的图书馆数量，发现莫言英文版作品馆藏量最多，意味其影响力超过其他品种。排名前7均是英文版，分别是英文版《红高粱》《生死疲劳》《天堂蒜薹之歌》《丰乳肥臀》《酒国》《师傅越来越幽默》和《红高粱家族》，收藏图书馆数量分别是644家、618家、504家、472家、398家、357家、265家，分别由企鹅集团和它所属美

---

❶在建设官网这件事上，企鹅兰登书屋"玩"出了新花样[EB/OL]（2016-02-16）[2018-02-01]. http://www.yidianzixun.com/n/0CMW4UOg?utk=4kk9kpd6&appid=yidian&ver=4.3.3.11&f=ios&s=9.

国维京出版社（New York：Viking）、美国纽约阿卡德出版社（New York：Arcade Pub.）出版，译者均是葛浩文。

英译作品有17种，由5家出版社出版，其中企鹅集团（含集团下属美国维京出版社、英国哈米什·汉密尔顿）合计出版6种。反观莫言作品的中文出版，共有13个品种，8家出版社出版的莫言图书在全球图书馆收藏家数为875家，仅是企鹅集团一家出版社的一半。❶因此，借助成熟和优势国际出版集团平台，确实是中国文化产品走出去的一个重要环节，见表3-25。

表3-25　莫言作品收藏图书馆数量排名前30的品种

排名	语种	书名	译者	出版社	年份	收藏图书馆数量（家）
1	英语	《红高粱》	葛浩文	纽约：企鹅集团所属维京出版社（New York：Vlklng）	1993	644
2		《生死疲劳》		纽约：拱廊出版社（New York：Arcade Pub）	2008	618
3		《天堂蒜薹之歌》		纽约：企鹅集团所属维京出版社（New York：Vlklng）	1995	504
4		《丰乳肥臀》		纽约：拱廊出版社（New York：Arcade Pub）	2004	472
5		《酒国》			2000	398
6		《师傅越来越幽默》			2001	357
7		《红高粱家族》		纽约：企鹅图书（New York：Penguln Booka）	1993 1994	265
8	中文	《生死疲劳》		北京：作家出版社	2006	146
9	英语	《莫言短篇小说选》		中国香港地区：香港中文大学研究中心（Hong Kong：Research Centre for Translations.Chinese University of Hong Kong）	1991	130
10	中文	《檀香刑》		上海：上海文艺出版社	2009	127
11	英语	《变》	葛浩文	伦敦：纽约海鸥出版社（London：New York Seagull）	2010	101

❶ 何明星.莫言作品的世界影响地图——基于全球图书馆收藏数据的视角[J].中国出版,2012（11）:12-13.

续表

排名	语种	书名	译者	出版社	年份	收藏图书馆数量（家）
12		《酒国》		伦敦：企鹅集团所属汉密尔顿出版社（London: Harmish Hamilton）	2000	77
13		《丰乳肥臀》		伦敦：梅林因出版社（London: Methuen）	2004	76
14		《师傅越来越幽默》			2001 2002	75
15		《天堂蒜薹之歌》		伦敦：企鹅集团所属汉密尔顿出版社（London: Harmish Hamilton）	1995	75
16		《红耳朵》		沈阳：春风文艺出版社	2003	69
17	中文	《白棉花》		中国台湾地区：麦田出版有限公司	2001	66
18		《酒国》		中国台湾地区：洪范书店有限公司	1992	64
19		《天堂蒜薹之歌》		纽约：企鹅图书（New York: Penguln Books）	1996	64
20	英语	《师傅越来越幽默》	葛浩文		2001 2003	63
21		《天堂蒜薹之歌》		伦敦：梅林因出版社（London: Methuen）	1995 2006	58
22		《丰乳肥臀》			2005 2006	58
23		《丰乳肥臀》		北京：作家出版社	1996	56
24		《拇指扣（合集）》		南京：江苏文艺出版社	2003	54
25	中文	《酒国》		南海出版公司	2000	51
26		《十三步》		中国台湾地区：洪范书店有限公司	1990	50
27		《美女倒立》		中国台湾地区：麦田出版有限公司	2006	49

续表

排名	语种	书名	译者	出版社	年份	收藏图书馆数量（家）
28		《丰乳肥臀》		北京：中国工人出版社	2003	49
29		《梦境与杂种》		中国台湾地区：洪范书店有限公司	1994	49
30		《红高粱家族》		中国台湾地区：洪范书店有限公司	1988	45

2.2014年后企鹅兰登书屋中国主题系列产品开发

企鹅兰登书屋善于挖掘中国优秀作家或与中国主题相关的系列产品，涉及文学艺术、历史文化、美食和教育等领域。例如，2014年企鹅兰登书屋出版余华中篇小说《黄昏里的男孩》英文译本，书中收录13个最贴近中国现实的故事。❶《解密》被《经济学人》评为2014年全球十大小说，由此欧洲最大读书节"莱比锡读书节"和丹麦最大的霍森斯作家节联合对作者麦家发出邀请，❷见表3-26。

表3-26　2014年后企鹅兰登书屋中国题材类文化输出情况统计

序号	时间（年）	出版机构	作者	产品
1	2014	企鹅兰登出版集团和美国fsg出版集团联合出版	麦家	《解密》翻译成33个语种
2	2014	企鹅兰登书屋	余华	中篇小说《黄昏里的男孩》英文译本
3	2014	企鹅兰登书屋	邝丽莎	China Dolls 二战后生活在洛杉矶的舞女故事
4	2014	企鹅兰登书屋		Asian Pickles

---

❶ 让世界读懂中国［EB/OL］（2014-01-22）［2018-02-01］.http://mp.weixin.qq.com/s?__biz=MjM5ODI1OTc2Mw==　&mid=100　17967&idx=1&sn=5b37565b25972106e893663cb05579f7&mpshare=1&scene=23&srcid=1205CzpNBpiin ADy4fcttjf2#rd.

❷ 麦家凭《解密》走红，欧洲被西方粉丝称为"中国的丹•布朗"［EB/OL］（2016-03-27）［2018-02-01］.http://www.yidianzixun.com/n/0CmEzzMJ?utk=4kk9kpd6&appid=yidian&ver=4.3.3.11&f=ios&s=9.

续表

序号	时间（年）	出版机构	作者	产品
5	2014	企鹅兰登书屋	Christine Liu-Perkins	*At Home in Her Tomb*（马王堆遗迹中现存最完好的戴夫人）
6	2014	企鹅兰登书屋	黄全愈	《混血虎》（*The Hybrid Tiger*）
7	2015	企鹅兰登美国佳酿出版公司（Vintage Books）和英国Square Peg出版公司各出资60%和40%共同买下英文版权	饶平如	原广西师范大学出版社出品《平如美棠》的英文版，于2017年春季在英国和美国出版

第四章　国外数字出版企业全球化战略的启示

第一节　国外数字出版企业全球化战略选择

从上述个案分析中，我们发现不同国家针对各类细分市场领域的跨国出版企业，在海外市场开拓方面形成了一定战略共识。

一、区域市场偏好的共识

无论是在专业出版、教育出版还是大众出版领域，巴西、印度和中国地区均作为新兴国家市场，战略地位凸显。从我们选取的个案中发现，在专业出版和教育出版领域，中国市场占其海外市场的1/5左右，中国区域子公司数量众多；而大众出版市场，目前市场份额持续增长，但整体比例尚有挖掘潜力，尤其是童书出版领域。

2015年，国际STM出版商协会和Outsell公司一项研究也就STM专业出版国际市场偏好加以验证。STM出版市场估值约250亿美元。报告显示，其每年出版学术文章数逐年递增3.5%，2015年达到250万篇，其中美国和中国分别以36%、6%的份额在学术文章发表数上排名靠前。报告强调全球授权出版的价值，来自东亚尤其是中国的学术文章输出不断增长。得益于医药产业的繁荣，在翻译期刊市场上中国的重要性日益凸显，紧随其后的是印度和韩国。[1]

---

[1] 汤姆·查莫斯，韩玉.STM出版持续推动行业创新与创收[EB/OL]（2015-12-16）[2018-02-01] http://www.bookdao.com/article/102244/.

二、融合化、多媒体化的价值衍生

专业出版、教育出版均呈现出"在线化""互动化""3D技术"等融合化、多媒体化表现形态。大众出版领域，除了电子书领域的尝试之外，配套IP产品衍生以及有声书资源的开发成为新的利润增长点。

三、影响因素发现

不同类型市场或国别背景以及业务模块的跨国出版集团，其产品与服务，在海外市场中协同效应发挥的程度以及文化距离、地理距离、心理距离等影响程度存在较大差异。

（一）文化距离角度

荷兰学者Hofstede在国家文化模型理论中提到文化距离（Cultural Distance）概念，强调文化距离实质上是一国文化价值观与另一国的差异程度，具体由两国的文化水平来测定，他所区分的国家间5个维度的文化距离分别为——权力维度（PDI），用来反映一国社会群体对于权力不平等的接受程度；个人主义和集体主义（IDV），用来反映一国社会组织架构对于个体或集体的取向程度；男性气质与女性气质（MAS），用来反映一国当中男性与女性对社会的影响程度；不确定性规避（UAI），用来反映一国民众对于未知事物或不确定情况的承受程度；长短期取向（LTO），用来反映一国发展过程当中对于社会长远价值的倾向程度。依据Hofstede官方网站公布的调查数据计算出35个贸易伙伴与中国的5个维度文化差异指数和总体文化差异指数（CD），其中美国总体文化差异指数（CD）值为5.21，英国（CD）值为5.23，法国（CD）值为4.42，德国（CD）值为4.60。王洪涛（2014）借鉴文化距离模型分析得出，"文化折扣"效应和"偏好强化"效应是对中国创意产品出口不同发展水平经济体时产生不同影响方向的主要原因，出口商应对发展中经济体采取产品"同质化"策略,而对发达经济体采取产品"异质化"策略,以促进中国创意产品的出口。[1]

1."同质化"与"异质化"策略选取

在对代表性跨国出版集团进行个案分析过程中,我们发现,专业出版领域企业进入中国市场,产品服务更加注重"同质化"策略;教育出版领域企业进入中国市场,产品服务注重在本土市场渗透合作层面的"同质化"和产品内核功能的"异质化"策略并举;大众出版领域企业进入中国市场,合作出版领域采用"同质化"策略,但在固化产品转移与创新孵化阶段,也注重保留"异质化"的文化内核。

2.制度性壁垒("制度距离")的影响

除此之外,我们需要注意的是,由于出版领域在文化产业或内容产业中的核心地位,使得"权力"维度或"制度"维度会对文化距离产生"制度性"壁垒或者说是"制度距离",客观上会影响"文化吸引力"发挥的实际效力。

我们在对韩国时空科技有限公司(SIGONGTECH)中国区CEO访谈过程中,了解到该公司在韩国是顶级展览文化企业,在儿童教育产业领域拥有20余年的丰富经验,在韩国本土幼少儿在线教育市场,占有90%的市场份额。其盈利模式主要是B2B、B2C模式,立足于平板电脑+纸质衍生品+体验馆的业务集合。在韩国,电子书包服务每月约合900元人民币。2015年开始大力拓展中国市场业务,电子书包在中国定价为每月200元人民币。在产品设计层面,主要设计为电子课本系统,该硬件不能够连接互联网,不能够下载其他软件,只能使用该公司预装的学习软件。在开发智能教室服务的同时,也注重开发配套的纸质书本。在电子课本设计过程中,注重短视频内容和Flash内容的开发。例如,科普类型内容中的火山岩浆爆发视频片段、通过卡通蜗牛动态条观看其生长周期,设计韩国传统建筑立体模型,利用动画形式讲述亲情故事"喜鹊"。

在移动互联技术背景下,Flash格式内容在移动平板终端上存在着格式

---

[1] 王洪涛.文化差异是影响中国创意产品出口的阻碍因素吗[J].国际经贸探索,2014(10):51-62.

转化问题，这种转化成本可能会达到几十亿元。在进入中国市场时面临一些具体困难。由于教育行业的特殊性，还有对独资公司经营领域的政策要求，使得该公司必须寻求国内合作公司，进而实现进入中国在线教育市场的软着陆。

2016年，国家新闻出版广电总局、工业和信息化部联合发布第5号令，从3月10日起施行《网络出版服务管理规定》（以下简称《规定》），《规定》第十条指出：中外合资经营、中外合作经营和外资经营的单位不得从事网络出版服务。同时，网络出版服务单位与境内中外合资经营、中外合作经营、外资经营企业或境外组织及个人进行网络出版服务业务的项目合作，应当事前报国家新闻出版广电总局审批。《规定》所称网络出版物，是指通过信息网络向公众提供的，具有编辑、制作、加工等出版特征的数字化作品，主要包括文学、艺术、科学等领域内具有知识性、思想性的文字、图片、地图、游戏、动漫、音视频读物等原创数字化作品；与已出版的图书、报纸、期刊、音像制品、电子出版物等内容相一致的数字化作品。《规定》将只允许全资中国公司在获得批准并获颁经营许可证后，才能提供网络出版服务。❶

3.操作性漏洞需引起重视

根据原国家新闻出版广电总局印发的手游新政，自2016年7月1日起，新上线游戏必须取得"版号"方可上网出版运营，已上线游戏需在10月1日前补齐"版号"。广电总局将这一审批补办时间节点延期至12月31日。但近日有一些游戏开发商发现，新规中存在漏洞即手游新政并未对境外游戏做出明确规定，大量境外游戏可以直接上线。借着这个漏洞，一些开发商通过"提交游戏时首先选择在一些东南亚国家发布，等苹果审核通过后，在游戏发布环节勾选中国市场的方法"躲避监管。因此，在制度建设方面，仍有一些条款需要细化，并且应对第三方运营商提出具体的配套管理意见。

---

❶ 徐颢哲.网络出版服务管理规定:外资单位不得从事网络出版.人民网[EB/OL]（2016-02-29）[2018-02-01].http://media.people.com.cn/n1/2016/0229/c40606-28156521.html.

（二）地理距离角度

1. "地理距离"障碍影响降低

数字出版由于技术变革的脱域性和联通性特点，使得不同细分市场领域贸易国之间的实际"地理距离"的障碍影响均在减弱，但由于受产品市场规模的影响，与地理距离相关的因素例如输出国国际性出版展会规模、级别和影响力，客观上依然会对跨国出版企业产品服务、版权输出的参与程度产生负向作用。

2. "地理距离"内涵应进一步丰富为"渠道距离"或"关系距离"

在新的技术变革之下，地理距离的内涵和层次，应该进一步丰富为与对象国的"渠道距离"或"平台距离"，与对象国实体环境或虚拟网络中"渠道""平台""中间商"的实际"关系距离"与海外市场开拓程度会呈现"正相关"的关系。

例如，在对中国图书进出口公司相关负责人访谈过程中，谈到该公司是中国最大的出版物进出口公司，每年图书出口占到全国30%的份额。在数字出版领域，开发易阅通平台，主要服务海外市场中的机构客户。每年出展和组展10多个海外展览，目前展会已经覆盖160多个国家和地区。国际业务领域，采用多语种翻译计划，推动产品落地。进口业务方面，主要和机构客户展开合作，还提供按需印刷服务。截至2016年12月19日，易阅通平台中"外文"电子书的资源总数达到491312个，合作机构包括剑桥大学出版社、罗森塔书业、威利集团、爱思唯尔、荷兰威科集团、轨迹公司等代表性海外出版集团和渠道商。数据库方面，中图公司独家代理爱思唯尔旗下的"医疗参考网络版"（MD Consult）。可以说，以中图公司为代表的渠道商是海外出版机构进入中国和中国出版机构进军海外的重要纽带。跨国出版集团进入中国市场时，与类似渠道商之间的合作程度，将对其本土市场业务开展产生巨大影响。

（三）其他影响因素角度

1. 语言转化难度

贸易往来文化产品采用语言的使用范围、翻译人力资源和机构资源的充沛程度，输出国制度优劣势产生的"晕轮"效应都会影响产品或服务海外输出的效果和进入门槛。

2. 技术标准共通性

数字出版产品与服务受到制作软件、适配终端、操作系统、分发平台相关技术标准适配性的影响，尤其是跨境输出的过程中，技术标准的共通性影响深远。

3. 产品线复合性和联通能力

通过个案分析，我们发现，越是单一化的经营业务，其产品线跨区域移植成本越低；越是多元化经营业务，其产品线之间的联通能力，将决定其规模性国际化运营的能力。贝塔斯曼集团的融媒体战略经验，创意与版权核心，在多元化衍生中，产生"积木式"创新效果。

国际化市场开拓的难易程度，受个体因素、资源和政策性门槛影响，但出版市场类型也会对此产生较大影响，即专业出版市场难度低于教育出版市场，教育出版市场低于大众出版市场。这一点与英国学者约翰·B.汤普森所提到的"数字化内容种类在线增值能力不平衡"观点有相通的地方。另外，资本运作、风险投资与对象国之间产业环境的适配性也尤为重要。

第二节 构建数字出版企业全球化战略评价指标的思考

根据代表性跨国企业中国市场开拓情况和影响因素的分析，我们试图整合全球化战略实施的影响机制，建构系统评估数字出版企业全球化战略实施效果的评价指标。

一、缺乏系统评价指标

目前，在文献检索过程中，并没有查询到专门的数字出版企业全球化战略实施效果的评价体系。以往与之相关的研究，表现为两大类：一类是宏观研究角度，以静态面数据或动态面数据建构的贸易往来国家某一产业领域的产品服务或研发领域的"相近性"或"差异性"指标；另一类是微观研究角度，以特定时期某一平台数据为关照点，从内容、主题、版本、售卖或下载数量、用户群画像等角度构建的跨国企业形象评估或文化市场中特定产品服务的传播效果评估。上述两种研究角度的评估机制，并没有实现有效的融合，单一维度的考量很难全面地梳理全球化战略实施的效果。

二、不同出版市场评价依据差异较大

在代表性个案分析过程中，我们也发现，平台数据关照和评价方式会与对应出版类型市场有关。例如，专业出版数据库使用量、使用者规模和输出国内容提供者规模，可以较为清晰地体现对象国市场开发能力；但是，教育出版市场和大众出版市场，很难形成有效的用户规模比对值，其评价方式更依赖第三方产品与服务的评价情况，如销售口碑或不同国家奖项获取。因此，不能简单套用专业出版市场的评估方式评价教育出版企业和大众出版企业。

三、借用"外来者劣势"理论丰富评价维度

国际商务领域学者在20世纪70年代就注意到跨国公司在海外市场经营处于竞争劣势的现象（Hymer，1976），Zaheer（1995）形象地称为"外来者劣势"（Liability of Foreignness，LOF）。Eden和Miller（2004）用"距离至关重要"概括造成LOF的主要原因，即母国和东道国存在的距离迫使外国企业在东道国开展经营活动要承担额外的成本。距离不单是指两国地理上距离，还指两国制度、文化、观念等方面的距离。需要承担的额外成本包括

信息成本、歧视成本和关系成本。

虽然，制度理论和资源理论均提供了克服LOF的两种思路，即模仿本土企业的"一体化"和发扬母公司特有优势——放大"固化产品或品牌"优势来解决。❶但目前来看，出版市场领域尚缺乏相关实证研究予以佐证。但这种理论思路，一方面可以帮助我们预判本国市场的融合弹性和抗风险能力；另一方面也可以帮助我们更加清晰地厘清我国文化"走出去"战略支撑策略的建设性。除此之外，心理距离、市场距离等因素也需要综合考量。

---

❶ 任兵.外来者劣势研究前沿探析与未来展望[J].外国经济与管理,2012(2):27-34.

结 论

随着信息技术革命的深入，各国文化产业尤其是新兴数字内容产业在国民经济中占比大幅上升，具有潜在的发展空间。

为了获取更多的市场回报，提升跨国企业影响力和国家的文化软实力，大型跨国企业和各国政府机构，不同程度地通过制定相应的全球化战略，不遗余力地拓展海外市场。

第一，国际市场区隔中形成新型全球化市场偏好，无论是从专业出版、教育出版还是大众出版领域，巴西、印度和中国地区均作为新兴国家市场，战略地位凸显。特别是中国的出版传媒市场备受跨国出版集团的青睐。

第二，文化全球化渠道与手段的选取，会受到宏观与微观层面因素的共同影响。宏观层面，主要体现在产品、服务、研发领域在特定历史时期跨国文化输出中的准入门槛和转化成本，而这与输出国的产业集中度、影响力、市场包容度以及用户接受能力均有直接关联。微观层面，主要体现在具体输出机构尤其是跨国企业自身的资源优势水平和跨国区域布局战略的弹性。

第三，出版产业全球化路径往往具有渐进性的特点，前期经历较长时间的市场调研和业务模式探索，采用融入—转化—创新的发展过程。在这三个不同的阶段，如同锁链状相互关联。以"互域化"作为全球化的核心内涵，涉及第一个阶段——固化产品转移阶段（贸易渗透、既有产品价值的跨地域覆盖、标准），众多的会展、协会活动发挥了巨大的作用；第二个阶段——一体化阶段，本地化分支机构设置、人才孵化、项目合作制、合资企业创立（脱域）；第三阶段——创新孵化阶段，战略定位拓展、资本融合。目前，代表性跨国出版集团均处于一体化阶段和创新孵化阶段之间。

第四，不同出版类型和对应市场的发展能力表现出显著的差异性。在盈利模式打造和发展战略层面，也呈现差异性路径趋势。期刊、专业知识和工具书内容，具有较高的适应性，由于内容离散性和逻辑关联性，使其趋向数据库谱系和延展知识服务盈利模式。而教育性内容适应性略低，较为适合开辟教育服务型产品和功能场景服务。大众出版内容在线数据转化与增值能力方面，受到内容集聚性弱和版权合同年限等产业运营限制，趋向于横向产业链价值的贯通，即IP价值模式开发，多领域市场价值叠加。

第五，代表性跨国出版集团个案分析中，我们发现，专业出版领域企业进入中国市场，产品服务更加注重"同质化"策略；教育出版领域企业进入中国市场，产品服务注重在本土市场渗透合作层面的"同质化"和产品内核功能的"异质化"策略并举；大众出版领域企业进入中国市场中，合作出版领域采用"同质化"策略，但固化产品转移与创新孵化阶段，也注重保留"异质化"的文化内核。

第六，在众多影响因素之中，"文化距离""制度性壁垒"或"制度距离""地理距离"以及其延伸概念"关系距离""心理距离"等都会或多或少地影响跨国出版企业海外输出的实际效力。我们需要借鉴"外来者劣势"理论假说，丰富建构跨国数字出版企业全球化战略的评价指标体系。

对数字出版企业全球化战略研究，尚缺乏中外代表性企业比较分析。然而，本书没有选取宏观贸易数据，进行具体"文化距离"的数值测量；评价指标体系方面，仍需要进一步对指标构成、影响因素和权重加以细化分析。